Adolf Schwarz

Der Judische Kalender historisch und astronomisch untersucht

Adolf Schwarz

Der Judische Kalender historisch und astronomisch untersucht

ISBN/EAN: 9783741104725

Hergestellt in Europa, USA, Kanada, Australien, Japan

Cover: Foto ©Lupo / pixelio.de

Manufactured and distributed by brebook publishing software
(www.brebook.com)

Adolf Schwarz

Der Judische Kalender historisch und astronomisch untersucht

Der

Jüdische Kalender

historisch und astronomisch untersucht.

Eine vom jüdisch-theologischen Seminar gekrönte Preisschrift

von

Dr. Adolf Schwarz.

Breslau
Schletter'sche Buchhandlung (H. Skutsch)
1872

Meinen

theueren Eltern

gewidmet

in Liebe und Dankbarkeit.

Vorwort.

Die reichhaltige Literatur der jüdischen Chronologie ist verhältnissmässig dürftig an streng wissenschaftlichen Darstellungen des constanten Kalenders. Die wenigen Arbeiten aus der Gaonen-Epoche sind uns im Laufe der Zeit abhanden gekommen und der grösste Theil sowohl der alten als auch der neueren kalendarischen Schriften hat kein anderes Ziel, als die Molad- und Tekupha-Berechnung in mannigfachen Variationen zu popularisiren. Einer tieferen Auffassung und mehr oder weniger systematischen Bearbeitung erfreut sich der jüdische Kalender nur bei jenen Chronologen, welche auch seine astronomische Seite nach Gebühr würdigen, weshalb auch die Werke Abraham hanasi's, Maimuni's und Israeli's, obgleich sie auf dem Ptolemäischen System fussen, auf die Dauer lesenswerthe Schriften bleiben werden. Aber selbst diese haben, insofern es ihnen weniger um die jüdische Chronologie im Allgemeinen als vielmehr um den jetzt bestehenden Kalender zu thun ist, die genetische Entwickelung unserer Zeitrechnung unberücksichtigt gelassen. De Rossi ist der Erste, der die Geschichte des jüdischen Kalenders zum Gegenstand ekritischer Forschung gemacht. Seine Leistungen waren jedoch blos Ansätze, bei denen man es bis auf unsere Zeit bewenden liess. Erst Slonimski Senior Sachs, Pinlles, Reggio und Steinschneider haben die wissenschaftlichen Untersuchungen über die Genesis unseres Kalenders wieder aufgenommen und um ein Bedeutendes gefördert. An die Leistungen dieser Männer knüpft die vorliegende Arbeit an. Wie weit sie über dieselben hinausgegangen, wie weit es ihr gelungen ist, dem Ziele der Forschung sich zu nähern, dies zu beurtheilen, sei unparteiischen Fachmännern anheim gegeben.

Breslau, im April 1872.

Der Verfasser.

Inhalts-Verzeichniss.

Einleitung.

Die Anschauungsform, vermöge welcher wir die Eindrücke der Aussenwelt in ihrer Aufeinanderfolge empfangen und ordnen, die Zeit liefert uns in ähnlicher Weise wie der Raum eine ununterbrochene Reihe von Vorstellungen, die wir, wie jede andere Menge homogener, zu einem Ganzen verbundener Theile, Quantität nennen. Als Quantität bedarf die Zeit zu ihrer näheren Bestimmung eines Maasses, einer Einheit, durch deren Wiederholung wir uns das Quantum entstanden denken. Um nun eine solche zu finden, müssen wir zu dem Begriff der Bewegung, der zwischen Raum und Zeit, insofern er beide verbindet, in der Mitte steht, unsere Zuflucht nehmen; denn nur durch Hilfe der gleichförmigen Bewegung, bei welcher ein Körper in gleich vielen Zeittheilen gleich viele Raumtheile zurücklegt, können wir die zu einem bestimmten Wege erforderliche Zeit begrenzen und als Maass für alle übrigen Zeitgrössen verwerthen. Ein solch allgemein gültiges Zeitmaass kann uns nur der Himmel gewähren; denn obgleich wir auch vermittels Erzeugnisse der Kunst eine gleichmässige Bewegung zu unterhalten vermögen, so ist doch einerseits diese Gleichmässigkeit in einem zu geringen Grade vervollkommnet und andererseits der Gebrauch dieser künstlichen Werkzeuge durch die Veränderungen, denen sie unterliegen, viel zu eingeschränkt, als dass sie uns die nach ewigen, unwandelbaren Gesetzen kreisenden Weltkörper schlechthin ersetzen könnten. Als vollkommen gleichförmig ist nur einzig und allein der durch die Rotation der Erde bewirkte scheinbare Umlauf der Sterne zu betrachten. Die im Bilden begriffene menschliche Gesellschaft jedoch, der die Eintheilung der Zeit ein unabweisbares Bedürfniss war, hatte den mehr auffallenden, wenn auch weniger gleichförmigen Bewegungen der Sonne und des Mondes den Vorzug gegeben und anstatt des Sterntages den natürlichen Tag (νυχθήμερον), den Zeitraum von einem Auf- oder Untergange der Sonne bis zum andern als Zeiteinheit gewählt. Dieser Maassstab konnte ihr aber nur auf der untersten Stufe genügen, und bei dem zunehmenden Interesse für Vergangenheit und Zukunft sah die menschliche Gesellschaft recht bald sich veranlasst, nach grösseren Zeiteinheiten auszuschauen. Zunächst gab ihr der in nicht allzugrossen Intervallen eintretende Wechsel der Mondphasen und in zweiter Reihe die Woche [1]) einen bequemeren und zweckmässigeren Maassstab an die Hand. Denn solange die Menschen nicht zum Betrieb des Ackerbaues gelangt waren, kümmerten sie sich weniger um die genaue Kenntniss der wiederkehrenden Jahreszeiten, sondern achteten vielmehr auf die Erscheinungen, die der Mond ihnen in auffallender Weise bot. Und sie fanden auch bald, dass der Zeitraum, nach welchem die verschiedenen Lichtgestalten des Mondes sich wiederholen, ungefähr 29,5 Tage ausmache. Diese Zeit nannte man Monat, und da nur ganze Tage in Anschlag gebracht werden konnten, so blieb nichts Anderes übrig als die Monate abwechselnd zu dreissig und neunundzwanzig Tagen zu zählen. Aus 12 solchen Mondmonaten, in welchen die Jahreszeiten im Grossen und Ganzen wiederkehren, bildete man eine dritte oder vielmehr vierte Einheit: das freie Mondjahr [2]). Das Sonnenjahr ist viel späteren Ursprungs; die Feststellung seiner Dauer ist gewissermaassen als ein Resultat von Beobachtungen anzusehen, welche die ersten Landbebauer angestellt, und es ist mehr als wahrscheinlich, dass das tropische Sonnenjahr von den Egyptern, deren Land in einem nicht geringen Maasse unter dem Einfluss der Sonne steht, in die Zeitrechnung eingeführt wurde. Hierdurch kam aber das Mondjahr keineswegs ausser Brauch; nur jene Nationen, die ihre Feste nicht blos nach den Mondphasen, sondern auch nach den Jahreszeiten feierten, nahmen zu einer neuen Jahresform, zu dem gebundenen Mondjahr, ihre Zuflucht.

---

[1]) Ueber die Art und Weise, wie die Woche zum Zeitmaass geworden, differiren die Ansichten. Goguet (De l'origine des Lois I. p. 217) hält dafür, dass sie ursprünglich aus der Tageseinheit erwachsen. Bailly (Hist. de l'Astronomie ancienne p. 32) will sie als eine Unterabtheilung des siderischen oder periodischen Monats von 27d 7h 43' 11",5 angesehen wissen. Am einleuchtendsten ist die Ansicht, die auch Ideler (Handbuch der mathematischen u. technischen Chronologie I, 60) vertritt, und die dahin geht, dass man bei der Einführung der Woche vom synodischen Monat ausgegangen und dass die Siebenzahl, an die sich frühzeitig mystische Ideen geknüpft, als Zeitmaass angenommen und beibehalten worden, obgleich sie den Mondphasen nicht genau entspricht.

[2]) Die Monate waren, wie dies der Name in allen alten Sprachen zur Genüge beweist, Mondmonate, und wie aus dem Mondmonat das Mondjahr, so ist umgekehrt aus dem Sonnenjahr der Sonnenmonat entstanden.

Zu diesen Völkern, welche ein solches Jahr zur Grundlage ihrer Zeitrechnung nahmen, die den Sonnen- und den Mondeslauf auszugleichen suchten, gehörte gleich bei seinem Eintritte in die Weltgeschichte das jüdische Volk. Soviel man auch dagegen vorgebracht hat und so stark man sich dagegen sträuben mag, ist und bleibt es doch eine feststehende Thatsache, dass unser Gesetzgeber seine schöpferische Thätigkeit mit der Einführung einer von der egyptischen mannigfach verschiedenen Zeitrechnung begonnen. Es kann dies nicht stark genug betont werden jenen Entstellungen gegenüber, die sowohl unser jetziger als auch unser früherer Kalender von den verschiedensten Seiten erfährt. Während man die Zeitrechnung unserer Alten als eine willkürliche und regellose hinstellt, erklärt man uns, die sogenannten neuen Juden, für die Schüler der Chaldäer und Griechen, von denen wir, wenn schon nicht den ganzen Kalender, so doch wenigstens die chronologischen Grundsätze entlehnt[1]. Wäre dem wirklich so, dann könnten wir bei der systematischen Darstellung des jetzt bestehenden constanten Kalenders die historische Entwickelung nur in geringem Maasse berücksichtigen; wir müssten die Continuität des alten und neuen Kalenders von vornherein preisgeben und die Spuren des letzteren auf unwegsamen Pfaden suchen. Wir wollen aber voraussetzungslos an unsere Arbeit herangehen und um die Principien, die unserem constanten Kalender zu Grunde liegen, nach Gebühr würdigen zu können, vor Allem die Quellen, die auf heimischem Boden, wenn auch spärlich, fliessen und auch die in fremden Landen entspringen, aufsuchen und von ihnen Auskunft und Aufschluss verlangen. Wir müssen das historische Moment in den Vordergrund stellen, weil nach unserem Dafürhalten das System des Kalenders nur bei einem nähern Eingehen auf seine Genesis im wahren Lichte erscheint. Anstatt dass wir zuerst das System analytisch behandeln

[1]) So schreibt Scaliger in seiner Emendatio temporum p. 79: „Judaei (igitur) tunc primum Lunarem annum acceperunt cum menses iis nominibus, quibus hodie notati sunt, appellarunt. Eae autem appelationes Chaldaicae sunt. Ergo annus lunaris Iudaeorum Chaldaei acceptus repertur argumento indubitato. Quando autem primum hunc annum acceperunt, non est obscurum, si scimus victos a victoribus legem accipere. Ideo non prius a Judaeis menses lunares usurpari coepti, quam Chaldaeos Dominos agnoverunt et illis stipendiarii facti sunt.“ Ideler giebt allerdings zu, dass das biblische Jahr ein Mondjahr sei, aber der heutige Kalender hat zu viel Aehnlichkeit mit dem griechischen, als dass er nicht auf den Gedanken käme, dieser habe jenem zum Vorbilde gedient. Die von Meton erfundene Einschaltungsweise, der neunzehnjährige Cyclus, sagt er (l. c. I. 69), ist noch jetzt bei den Juden in Gebrauch, nur mit rabbinischen Grübeleien überladen. Vergl. Zeitschrift der d. m. Gesellsch. II., 344.

und die auf solche Weise gewonnenen Principien historisch zu begründen versuchen, ziehen wir es, und zwar aus sachlichen Gründen, vor, die Reihe der Modificationen, welche das Grundprincip unserer Zeitrechnung in der Zeiten Folge erlitten, an der Hand der Geschichte zu verfolgen, um von ihr zu erfahren, ob und in welcher Gestalt es zur Grundlage des jetzigen Kalenders gemacht worden. Mithin können wir, von den einfachen Elementen zu dem zusammengesetzten Ganzen übergehend, das System nur synthetisch darstellen. Hierbei glaubten wir jedoch nicht stehen bleiben zu dürfen; denn was frommt es, das System des Kalenders, wie es sich genetisch vervollkommnet, zu kennen und zu verstehen, wenn man nicht die Gewähr auch dafür hat, dass dieser Kalender mit dem Himmel auf's genaueste übereinstimmt? Dieser Umstand und die Anregung, die wir bei den jüdischen Chronologen, namentlich bei Maimonides gefunden, waren die Veranlassung, dass wir die uns gesteckten Grenzen auch nach der andern Seite hin ausgedehnt und, soweit es unsere geringen mathematischen Kenntnisse gestatteten, auch die astronomische Seite des Kalenders berücksichtigt haben. Nach diesem leitenden Gesichtspunkte zerfällt unsere Arbeit in drei Haupttheile, und diese sind:

I. Die Geschichte der jüdischen Zeitrechnung.
II. System des jetzt bestehenden constanten Kalenders.
III. Astronomische Berechnung der Moledoth und Tekuphoth.

I.

Geschichte der jüdischen Zeitrechnung.

Um die Zeitrechnung irgend eines Volkes von den ersten Keimen durch alle Stadien bis zu ihrer abgeschlossenen Vervollkommnung mit Aufmerksamkeit verfolgen zu können, muss man die Urgeschichte dieses Volkes wenigstens so weit kennen, dass man seine primitiven Anschauungen in den chronologischen Principien wiedererkennt. Denn nichts ist mehr dazu angethan, uns Einblick in das Geistesleben eines Volkes zu gewähren, als seine Zeitrechnung, so sie nur nicht von auswärts hergenommen ist. Dass es im Alterthum gar mannigfach verschiedene Zeitrechnungen gegeben, wird allerdings blos vermuthet, aber es ist doch mehr als wahrscheinlich, dass die der Abstammung nach gesonderten Völker ihre Zeit auf besondere Weise eingetheilt. Wir kennen die Zeitrechnung nur weniger Nationen, und selbst diese liegt uns nur wie sie sich in ihrer letzten Phase gestaltet zur Einsicht vor, so dass wir keinen recht klaren Einblick in deren Entwicklung gewinnen können. Der jüdische Kalender hat nach dieser Seite hin insofern einen Vorzug vor allen anderen, als doch unsere Geschichte, als doch unser eigentliches Gesetz mit der Feststellung einer geregelten Zeitrechnung beginnt; aber der Quell, den wir an den Ufern des Nils entspringen sehen, er versandet bald, und nicht nur während der Wüstenwanderung, sondern auch die lange Zeit bis zum Exil hindurch bleibt er unsichtbar, und nur an vereinzelten Stellen glauben wir seine Spur zu erkennen. Bis auf Esra finden wir nur wenige Anhaltspunkte, die uns zu der Annahme berechtigten, dass die Zeitrechnung Veränderungen, geschweige denn Verbesserungen erfahren, und man ist gezwungen zu Hypothesen seine Zuflucht zu nehmen, die nur insofern Wahrscheinlichkeit für sich haben, als sie auf einem in der Schrift angedeuteten Princip fussen. Mit Esra's Auftreten machen sich die in fremdem Lande gewonnenen Kenntnisse auch in der Zeitrechnung geltend; es wird ein neues

Moment in den Kalender eingeführt, ein Moment, das zu Anfang allerdings nur nebenher berücksichtigt wird, das aber allmälig an Einfluss gewinnt und schliesslich die durch viele Jahrhunderte geheiligte Einsetzungsweise des Neumondes mannigfach alterirt. Zur Zeit des zweiten Tempels tritt neben der Beobachtung des Neumondes die Berechnung desselben als neuer Factor in der Chronologie auf, der mit dem Abschluss der Mischnah dem alten ebenbürtig ist. Rabbi Juda I. räumt der Berechnung noch grösseren Einfluss ein, und von dieser Zeit an prävalirt sie immer mehr und mehr vor der Beobachtung, bis sie endlich mit der Einführung des heutigen Kalenders zur alleinherrschenden Macht wird. So unterscheiden wir in der Geschichte unserer Zeitrechnung drei Epochen: 1. Von Moses bis Esra, die Zeit, in welcher der Neumond durch Beobachtung eingesetzt wird; 2. Von Esra bis R. Juda hanasi, die Zeit, in welcher neben der Beobachtung auch die Berechnung allmälig an Macht gewinnt; 3. Von R. Juda I. bis Hillel II. (359) die Zeit, in welcher die Beobachtung immer mehr in den Hintergrund tritt, bis sie endlich der Berechnung ganz das Feld räumen muss.

I. Epoche. Von Moses bis Esra.

Der Beginn des bürgerlichen Tages mit Sonnenuntergang ist ein ausreichender Beweis für die Behauptung, dass unsere Monate seit der ältesten Zeit Mondmonate gewesen. Aus zahlreichen Bibelstellen geht unzweideutig hervor, dass der Tag zur vorausgegangenen Nacht gehörte, was gewiss nicht der Fall gewesen wäre bei einer Zeiteintheilung, die sich nach der Sonne richtet und natürlich von ihrem Aufgange ausgeht.[1]) Ein weiterer Beleg für unsere Behauptung ist

[1]) Anstatt die vielen Schriftverse hier anzuführen wollen wir nur darauf hinweisen, dass die Tage der Unreinheit mit Sonnenuntergang zu Ende gingen. Zu vergleichen ist über diesen Punkt die Erklärung Raschbams zu Genesis I, 5 (abgedruckt Kerem Chemed 8, 44) und die apologetische Abhandlung Ibn Esra's über den Sabbath אגרת השבת Cap. III. Was die Haupttageszeiten betrifft, ist wohl anzunehmen, dass sie schon sehr früh im volksthümlichen Gebrauch vorhanden gewesen. Die Nacht war ausserdem, wie dies aus Richter 7, 19 deutlich hervorgeht, Anfangs in drei Nachtwachen אשמרות eingetheilt; später ahmte man dem bei den Römern üblichen Brauch, die Nacht in vier Vigilien zu theilen, nach und führte eine vierte Nachtwache ein, vergl. Berachoth p. 3a. Von Stunden kann in frühem Alterthume keine Rede gewesen sein; das in Daniel 4, 16 gebrauchte שעה hat keineswegs die diesem Worte später erst beigelegte Bedeutung. Ebenso ist es zweifelhaft, ob der Sonnenzeiger des Achas 2. Kön. 20, 9—10, Jesaias 38, 8 eine wirkliche Sonnenuhr oder ein mit concentrischen Kreisen versehener Gnomon gewesen, der die Tageszeiten im Grossen und Ganzen durch die verschiedenen Schatten-

der Begriff der Woche; denn dass die Woche uralt ist, wird wohl Niemand bezweifeln wollen, wie denn auch Jeder zugeben muss, dass sie nur als Unterabtheilung sei es des tropischen, sei es des synodischen Monats eingeführt werden konnte[1]). Am deutlichsten jedoch sprechen für den wirklichen Charakter des Monats die Bezeichnungen, welche der Hebräer für denselben hat. Sowohl aus dem Worte ירח[1]) Könige 6, 38, Ps. 104, 19, das unverkennbar von ירח abstammt, als auch aus dem Worte חדש[2]), das nur auf die Lichtphasen des Mondes passt, ist mit Zuverlässigkeit zu schliessen, dass die Hebräer keine Sonnenmonate gekannt. Aber so einleuchtend und begründet diese Ansicht auch ist, hat sie doch ihre Gegner gefunden[3]), die sie aus der Bibel widerlegen zu können glauben. Aus der Geschichte der Sintfluth, behaupten sie, gehe unzweideutig hervor, dass die ursprünglichen Monate der Hebräer gleich den egyptischen und persischen durchgängig aus 30 Tagen bestanden. Die Sintfluth, heisst es nämlich, habe am 17. des 2. Monats begonnen, die Gewässer hätten, nachdem sie 150 Tage lang die Erde bedeckt, zu sinken angefangen und am 17. des 7. Monats

längen erkennen liess. Gatterer (Abriss der Chronologie p. 144) allerdings meint, dass die Begriffe Mittag und Mitternacht das Vorhandensein von Sonnen- und Wasseruhren zur Voraussetzung hätten, als ob man nicht den Mittag an der Kürze des Schattens und Mitternacht durch die Mondphasen erkennen konnte.

[1]) Der Begriff der Woche ist durch Vermittelung unseres nach allen Seiten zerstreuten Volkes zu Griechen und Römern gelangt, und diese geben ihn auch durch ἑβδομάς und septimana wieder. Aber auch in der Benennung der einzelnen Wochentage hielt man sich zu Anfang an den hebräischen Sprachgebrauch, wie μία σαββάτων im neuen Testament ein Beweis dafür ist, dass man שבת auch in der Bedeutung Woche genommen. In der katholischen Kirche werden, wie Isidorus erzählt, die Wochentage nach dem ritus ecclesiasticus Feriae genannt. Dieser Name hat verschiedene Erklärungen gefunden. Scaliger meint, er sei von den Tagen der Osterwoche, die nach einem Decret des Valentinianus II. Feriae waren, auf alle Anderen übertragen worden, indem die ursprünglichen Christen, bei denen das kirchliche Jahr mit Ostern begonnen, die Tage der übrigen Wochen nach denen der ersten nannten. Ideler (l. c. II, 180) glaubt einen besseren Grund gefunden zu haben. Die ersten Christen, sagt er, pflegten ausser dem Sonntag den Mittwoch und Freitag als Tage des Gebets und Fastens zu feiern. Um nun beide Wochentage zu unterscheiden, nannten sie den einen feria quarta, den andern feria sexta, was bald die feria I., II. u. s. w. zur Folge hatte. Uns liegt es nicht ob, den ritus ecclesiasticus zu erklären, doch glauben wir nicht zu irren, wenn wir den Namen Feriae als der hebräischen Sprachweise ראשון, שני, שלישי בשבת nachgebildet annehmen.

[2]) Der Ausdruck עלת חדש בחדשו Numeri 28, 14 ist der beste Beleg dafür.

[3]) Vergl. Ibn Eara zu Genesis 8, 3 und Des-Vignoles Chronologie de l'Histoire Sainte l. VI. c. I., der in den Versen VII. 24—VIII. 20 einen Beweis findet für seine Hypothese, nach welcher im frühesten Weltalter in Vorder-Asien und Egypten ein aus zwölf dreissigtägigen Monaten bestehendes Jahr, das zwischen dem Mond- und Sonnenjahr die Mitte hält, in Brauch gewesen.

habe die Arche auf dem Berge Ararat geruht. Diese 150 Tage liegen zwischen dem 2. und 7. Monate, mithin kommen auf jeden Monat 30 Tage.[1]) Doch was will das beweisen? Höchstens nur, dass im antediluvianischen Jahr die Monate von dieser Länge gewesen! Bewiesen jedoch ist auch dies nicht, weil man der Exegese Zwang anthun muss, so man die 150 Tage mit dem 17. des 7. Monats zu Ende gehen und die Arche an demselben Tage noch auf dem Berge Ararat, der jüngst 15 Ellen unter dem Wasser stand, ruhen lässt[2]). Grössere Würdigung und Erwägung verdient die berechtigte Frage: warum Moses die Jahresform nicht mit einem Worte erwähnt, warum die Bibel, während sie Gegenstände, die lange nicht so wichtig sind wie die Zeitrechnung und Festordnung, mit Ausführlichkeit behandelt, weder die Anzahl der Monate noch ihrer Tage angiebt, und wie es kommt, dass das Intercalationsverfahren, die Art und Weise, wie man die Mondmonate mit dem Sonnenjahr auszugleichen habe, so ganz mit Stillschweigen übergangen worden[3])? Diese Fragen und Einwürfe haben — es lässt sich nicht bestreiten — ihre Berechtigung; bedenkt man jedoch, dass die Fixirung des Anfangs der Monate und die Intercalation nicht eines jeden Mannes Sache sind, und dass demnach die Bibel als ein Buch für Jedermann keine chronologischen Principien entwickeln kann[4]), so wird und muss man sich bei den in der Schrift

[1]) Vergl. die Commentatoren zur Stelle.

[2]) Ibn Esra l. c. und Adereth Elijahu c. 11, p. 8b.

[3]) Vergl. Ibn Esra Einleitung in seinen Commentar zum Pentateuch und Exod 12, 2. Allenfalls will er in dem Worte כימים Ester 9, 22 den Schaltmonat angedeutet finden.

[4]) Joh. D. Michaelis hat in seinem Mos. Recht diesem Gegenstand besondere Aufmerksamkeit geschenkt, und seine Worte dürfen hier umsoweniger unerwähnt bleiben, als sie uns aus der Seele gesprochen sind. „Gesetzt", sagt er II, 169, die Egypter haben schon zu Mosis Zeit ein Sonnenjahr von 365 Tagen gekannt und es so gerechnet, wie es Diodorus Siculus in Oberegypten beschreibt, so war dieses Sonnenjahr doch viel zu fehlerhaft, als dass ein Gesetzgeber es hätte anstatt des alten Mondjahres einführen können. Es ist wahr, fährt er fort, Gott, der Moses zum Gesetzgeber an die Israeliten gesandt, und ihn unmittelbarer Offenbarung gewürdigt, wusste schon damals die Länge des Sonnenjahres viel genauer als sie je ein Sterblicher berechnen wird, er hätte also Mosi das Sonnenjahr so genau, wie wir es nie finden werden, kund machen können. Allein so pflegt Gott nicht zu handeln, sondern überlässt es dem eigenen Fleiss der Menschen philosophische und mathematische Wahrheiten zu entdecken, und er würde nicht gütig handeln, nicht wie ein Vater, der seine Kinder erziehen und zum Nachdenken angewöhnen wollte, wenn er ihnen durch einen Propheten die eigentliche Länge des Sonnenjahrs oder ähnliche Wahrheiten, die sie selbst erfinden können, und die ihnen nicht zugleich schlechterdings nothwendig sind, kund machte. ..... Die grösste Weisheit blieb

gegebenen Andeutungen beruhigen.) Die Jahresform ist allerdings nirgends **ausdrücklich** angegeben, und nichtsdestoweniger ist es eine feststehende Thatsache, dass Moses das gebundene Mondjahr eingeführt. Der Umstand, dass die Feste der Israeliten mit den Jahreszeiten übereinstimmen mussten, macht diese Thatsache zu einer unerschütterlichen. Bei einem freien Mondjahr hätte sowohl das Pessachfest, das auf den Aehrenmonat, als auch das Erntefest, das auf den Herbstmonat fällt, in einem Zeitraum von ungefähr 34 Jahren durch alle Jahreszeiten die Runde machen und demnach seinen eigentlichen Charakter verlieren müssen. Giebt man nur einmal zu, dass חדש den Mondmonat und שנה, als Wiederholung, Umlauf, das Sonnenjahr bedeutet, so kann man auch nicht umhin die Worte ראשון הוא לכם לחדשי השנה (Exod. 12, 2) so zu verstehen, dass das Jahr weder mit dem 12. noch mit dem 2. Monat beginnen dürfe, und dass demnach, so oft der Frühling gegen das Ende des ersten Monats seinen Anfang nähme, ein **Monat**[1]) einzuschalten sei. Nur durch ein solches Verfahren konnte das Ueberschreitungsfest am חדש האביב und das Hüttenfest בצאת השנה am Ende des Sommers — wie der jer. Talmud[2]) den Ausdruck richtig auffasst — gefeiert werden. Und dass man dieses Verfahren in Wirklichkeit beobachtet hat, beweist der Umstand, dass die Monate auch auf die Jahreszeit bezügliche Namen führten. Wir finden allerdings nur drei solche Monatsnamen: ירח זו Prachtmonat (אייר) 1 K. 6, 1. 37, ירח האתנים, Monat der strömenden Flüsse (תשרי), oder nach **Johlsohn** Herbstmonat 1. Kön. 8, 2 und ירח בול Regenmonat (מרחשון) 1. Kön. 6, 38; gewiss aber haben auch alle anderen ähnliche Namen geführt, nur dass sie als weniger bedeutend sich nicht erhalten haben. Aus der Stelle 1. Chron. 27, wo die durch alle zwölf Monate des Jahres diensthabenden Hauptleute der königlichen Leib-

---

also hier, zu merken und zu wissen, dass das Sonnenjahr, das man bisher kannte, fehlerhaft, in der That sehr fehlerhaft sei, und gar kein Sonnenjahr einzuführen, sondern sein Volk bei dem doch wenigstens genug am Himmel bezeichneten, kenntlichen Mondjahr zu lassen, dessen Fehler aber womöglich zu corrigiren und es dem Sonnenjahr zu nähern. Dies that nun Moses. Ein eigentliches Sonnenjahr konnte er nicht zum Maassstabe nehmen, um darnach die Irregularitäten des Mondjahres zu verbessern; allein er nahm ein ökonomisches Sonnenjahr zu Hilfe, das nie einen Irrthum von einem ganzen Monat zuliess, ohne ihn zu verbessern, und in das sich jeder Bauer finden konnte."

[1]) Dass man nicht etwa nach jedem Jahr 10 oder 11 Tage eingeschaltet, ist aus dem einfachen Grunde anzunehmen, weil hierdurch der Charakter des Mondmonats de facto aufgehoben worden wäre. Wir können uns mit dem besten Willen kein gebundenes Mondjahr mit einem Appendix von einigen Tagen, wie es **Levisohn** (Geschichte u. Syst. d. K. p. 6) sich denkt, vorstellen.

[2]) Rosch haschanah 1, 2.

wache genannt werden, lässt sich ebensowenig beweisen, dass man den Schaltmonat nicht gekannt, wie man mit dem Talmud[1]) das Vorhandensein eines solchen Monates durch die Stelle 1. Kön. 4, 7, erhärten kann. Dass die Monate in dieser Epoche mit dem Sichtbarwerden der Mondsichel in der Abenddämmerung ihren Anfang genommen, versteht sich von selbst und bedarf keines Nachweises, da dies bei allen alten Völkern, die Mondmonate hatten, der Fall war. Aus 1. Sam. 20, 27 scheint jedoch hervorzugehen, dass man schon in ältester Zeit, so oft am Abend des 30. Tages kein Mond zu sehen war, zwei Tage als Neumondsfest gefeiert, so dass wie bei uns zwischen zwei nächsten Neumonden immer 28 Tage lagen[2]).

Die späteren Chronologen, die einen geregelten Schaltcyclus in der Bibel ungern vermissen, haben nach langem Suchen in der Jobelperiode einen solchen gefunden. Ohne auf die verschiedenen Hypothesen[3]), die über diesen Gegenstand aufgestellt worden sind, näher einzugehen, wollen wir hier nur vorausschicken, dass die Jobelperiode entweder aus 49 oder 50 Jahren besteht, je nachdem das 50. Jahr als erstes der zweiten oder als letztes der ersten Jobelperiode gezählt wird, d. h. jenachdem das 56. oder 57. ein Sabbatjahr ist. Diejenigen, welche in der Jobelperiode wie im Sabbatjahrcyklus astronomische Momente gefunden, halten sämmtlich an einer 49jährigen Periode fest. Frank[4]), der sich durch seine Untersuchungen, die er in chronologischer und astronomischer Beziehung über diese Periode angestellt, Verdienste erworben, hat eine Hypothese aufgestellt, die in dem Satze gipfelt: Cyclum jobeleum esse astronomicum et totius chronologiae fundamentum. Er nimmt an, dass man in jeder Jobelperiode 18 Monate, und zwar alle zwei oder drei Jahre einen 30tägigen Monat eingeschaltet habe, und geht hierbei von folgender Vergleichung aus:

Ein bürgerliches Mondjahr = 354 Tage.

Ein julianisches Sonnenjahr = 365 Tage 6 Stunden.

---

[1]) Synhedrin 12a.

[2]) Gatterer geht (l. c. 145) in seinem Eifer zu weit, wenn er behauptet, dass die jüdischen Monate zu allen Zeiten wechselweise 29 und 30 Tage hatten, denn da das Sichtbarwerden des Neumondes von der Lage der Ekliptik gegen den Horizont abhängt, lässt sich keineswegs im Voraus bestimmen, dass der eine oder andere Monat vollzählig oder mangelhaft sein werde. Es können ebenso gut 2 vollzählige wie zwei mangelhafte Monate auf einander folgen.

[3]) Wir verweisen hier auf Zuckermann's Schrift „Ueber Sabbatjahrcyklus und Jobelperiode," in welcher die verschiedenen Ansichten und Hypothesen lichtvoll dargestellt sind.

[4]) In seinem Novum systema chronologiae fundamentalis cyclo jobeleo biblico detectae; ihm folgt Gatterer in seinem Abriss der Chronologie.

48 solche Mondjahre	16,992 Tage,	
18 Monate zu 30 Tagen	540 „	
48 Julianische Sonnenjahre . . =	17,532 Tage,	
10 Schalttage des 7. Monats [1]) . .	10 „	
Summa	17,542 Tage,	
das Jobeljahr	354 „	
49 natürliche Sonnenjahre . . . =	17,896 Tage	20 Stunden,
50,5 natürliche Mondjahre . . .	17,895 „	12 „
Epakte des 49. Jahres	1 Tag	8 Stunden,

Frank gilt das 49. Jahr als Jobeljahr, und er begründet die Coincidenz des Jobeljahres mit dem Sabbatjahr dadurch, dass er den beim Jobelgesetz vorkommenden Ausdruck שנה zu den bei dem israelitischen Volke üblichen Jahresanfängen in Beziehung bringt. Die Schalt- und Jobeljahre waren nach seiner Auffassung nicht kirchliche, die mit dem Monat Nisan, zur Erntezeit, sondern bürgerliche Jahre, die mit Tischri, zur Zeit der Saat, ihren Anfang nehmen. Auf diese Weise begannen die Jahre des Sabbatjahrcyklus und der Jobelperiode in der Mitte des Kirchenjahres [2]). Am Ende der ersten Jobelperiode ist nun das astronomische Mondjahr gegen das Sonnenjahr um 32 Stunden zurück, jedoch erzielt man durch die Zusammenstellung dieser Epakte für 152 Jobelperioden einen wirklichen [3]) Ausgleich der beiden Jahresformen. Zuckermann, der gleichfalls eine 49jährige Jobelperiode annimmt, nur dass er mit R. Jehuda [4]) das Jobeljahr nicht mit dem 7. Sabbatjahr, sondern mit dem 1. Jahre des 8. Sabbatjahrcyklus coincidiren lässt, Zuckerman hat in seiner bekannten Arbeit [5]) noch genauere Untersuchungen über den Zusammenhang der Jobelperiode mit der astronomischen Ausgleichung der verschiedenen Jahresformen angestellt und seiner Hypothese die neuesten Daten zu Grunde gelegt. Nach den neuesten Sonnentafeln von Hansen und Olufsen

---

[1]) Das Jobeljahr beginnt nach Levit. 25, 9 mit dem Versöhnungstag. Vergl. Abrah. hanasi Sefer haibbur 3, 1.

[2]) Demnach übersetzt Frank Lev. 25, 10 und 11: sanctum habeatis annum anni hujus quinquagesimi und: annum quinquagesimi hujus anni sit vobis jobeleus. Vergl. Zuckermann l. c. 16.

[3]) In 152 Jobelperioden müssen demnach 2743 Monate eingeschaltet werden. Genau jedoch ist dieser Ausgleich auch dann nicht, denn am Ende der 152. Jobelperiode ist das Mondjahr dem Sonnenjahr mit 7 Tagen vorausgeeilt, und dieser Vorsprung kann nur in den folgenden Perioden dadurch, dass man anstatt 30tägiger 29tägige Monate einschaltet, ausgeglichen werden.

[4]) Nedarim 16a. und Parallelstellen.

[5]) l. c. p. 16.

ist die Länge des tropischen Jahres	365 Tage	5h	48'		46,15''.
Die Länge des synodischen Mondjahres	354d	8h	48'	32''	26,04''[1])
mithin sind 49 tropische Sonnenjahre	17,896d	20h	49'	41''	21'''
49 synodische Mondjahre	17,363d	23h	38'	30''	3'''
die Epakte dieser 49 Sonnen- und Mondjahre	532d	21h	11'	11''	18'''

Zieht man nun von dieser Differenz 18 synodische Monate ab, so bleibt die Epakte von 1d 7h 58' 22'' 38''', die sich dann nach 133 Perioden, die sechs Schaltmonate mehr denn sonst haben, fast ganz verliert[2]).

---

[1]) Zuckermann hat hier eines übersehen, und zwar dass sowohl das tropische Sonnenjahr als auch der synodische Monat nicht constante, sondern veränderliche Grössen sind. In Bezug auf das Sonnenjahr wollen wir hier nur kurz bemerken, dass die Präcession, nach welcher der Frühlingspunkt jährlich um 50'', 2113 rückwärts geht, eigentlich aus zwei Theilen besteht. In Folge der Störungen, welche die Erde von den Planeten erleidet, nähert sich die Ekliptik dem Aequator in jedem Jahrhundert um 48'', 37, während der Frühlingspunkt 16'',44 vorwärts geht. Die eigentliche Präcession beträgt also 50'',3757 und nur durch die Einwirkung der Planeten auf die Erde wird sie um 0'',1644 kleiner. Diese letzte Grösse ist keine constante, und aus diesem Grunde ist auch das tropische Jahr veränderlich. Wie die Theorie zeigt, war das tropische Jahr 3040 v. Ch. am grössten, und zwar um 38'' grösser, und zu Hipparchs Zeit, 140 v. Ch., nur um 14'' grösser als das mittlere. Berechnet man auf diesem Wege die Länge des tropischen Jahres zu Moses Zeit so betrug sie 365d 5h 48' 59'',51. Was die Länge des synodischen Monates betrifft, muss hier hervorgehoben werden, dass die Bewegung des Mondes durch die Abnahme der Excentricität der Erdbahn beschleunigt, und dass hierdurch der Monat kürzer wird. Diese Abnahme hat Laplace durch seine berühmte Formel aufs Genaueste ausgedrückt. Nennt man t die seit 1800 verflossenen Jahrhunderte, so wird der Weg, den der Mond im synodischen Monat zurücklegt, um $10'',7282\, t^2 + 0'',01936\, t^3$ kleiner, oder die Länge des synodischen Monats wird um $21'',1113\, t^2 + 0'',038114\, t^3$ kürzer sein als im Epochenjahre 1800. Durch diese Formel können wir nun die mittlere Länge eines synodischen Monates aus jedwedem Jahrhundert berechnen, indem wir für t $t + \frac{1}{1237} - t$ einsetzen $\left(\frac{1}{1237} = \text{synodischer Monat}\right)$. Moses führte die Israeliten 1495 v. Chr. aus Egypten, demnach können wir t = 33 nehmen; ganz natürlich ist es hier als vor dem Epochenjahr liegend —, und die Formel wird folgende Gestalt annehmen:

$$21'',1113\left(\left(33\tfrac{1}{1237}\right)^2 - 33^2\right) - 0'',038114\left(\left(33\tfrac{1}{1237}\right)^3 - 33^3\right) = 21'',1113\left(\frac{2.33}{1237}\right) -$$
$$0'',038114\left(\frac{3.33^2}{1237}\right) = \frac{1393'',3458 - 200'',7464}{1237} = \frac{1192'',5994}{1237} =$$
$$0'',964106 = 57''',846300.$$

Um so viel war nun zu Moses Zeit die mittlere Länge des synodischen Monats grösser als im Jahre 1800. Also war sie 29d 12h 44' 2'' 50''',188 + 57'',85 = 29d 12h 44' 3'' 48''',038.

[2]) Einer eigenthümlichen Hypothese begegnen wir im Orient 1850 p. 536. Zipser nämlich „hätte — wenn nur die Tradition nicht dagegen wäre, eine nagelneue Jahresform für die biblische Zeit gefunden". Zu dem regelmässigen Mondjahr von 354 Tagen nehme man noch die 10 Tage bis zum Versöhnungstag hinzu,

Ebenso könnten auch wir eine ähnliche Hypothese aufstellen, ohne den in chronologischer Beziehung so sehr gerühmten 49jährigen Cyklus acceptiren zu müssen. Wir können geradezu den Chachamim [1]) beipflichten und bei der Ausgleichung, die eine 50jährige Jobelperiode bietet, von folgenden Daten ausgehen:

50 Julianische Jahre . . .	18,262 Tage	12h
50 Mondjahre zu 354 Tagen	17,700 »	
	562 »	12h
19 Schaltmonate: 11 30- und 8 29tägige =	562 »	
Epakte =		12 Stunden

Bei dieser kleinen Epakte haben wir es nicht nöthig eine Reihe von Jobelperioden anzunehmen, um einen wirklichen Ausgleich zu erzielen; nach unserer Annahme genügt es in der einen Jobelperiode 11 und in der andern 12 30tägige Monate einzuschalten, um die Epakte aufzuheben. Aber wir verzichten darauf, diese Hypothese zur Geltung zu bringen, und zwar aus dem Grunde, weil wir ihrer

und das Mondjahr ist mit dem Sonnenjahr ausgeglichen. Da nun 364 Tage gerade 52 Wochen ausmachen, so ist hiermit der Vortheil verbunden, dass, so wie der Sabbath, auch alle anderen Feier- und Festtage einen bestimmten Wochentag haben. Das Sonnenjahr zählt jedoch 365d, und es kommt in Folge dessen auf 7 Jahre eine ganze Woche: daher das Schaltjahr von einer Woche (sic!). Allein das Sonnenjahr enthält noch einige Stunden u. s. w. und zwar wie die Alten annahmen בתר חלק מקטן היום של רביעית היום (אמרות השבת c. I) d. h. 6h 12' 30''. Dies giebt wieder in 50 Jahren einen Ueberrest von beinahe 13 Tagen, dazu 365 Tage des laufenden Jahres = 378 Tage oder 54 Wochen; daher ein Jobeljahr von 2 Wochen (!!). Wir haben also einen 50jährigen Cyclus, wobei die Tage der Woche berücksichtigt werden und alle Festtage unveränderlich auf ihren bestimmten Wochentag fallen. Zipser gesteht es allerdings ein, dass dieses System (!) unhaltbar sei; aber er will die Hypothese schon aus dem Grunde aufgestellt haben, weil er vermuthet, dass der Sabbatjahrcyklus und die Jobelperiode eine kalendarische Bedeutung hatten, und weil ihm durch dieselbe zwei Schwierigkeiten beseitigt scheinen. Erstens ist ihm die Frage beantwortet, wie es vom Sukkothfeste heissen könne, dass es im 7. Monat und zugleich am Ende des Jahres gefeiert werde; denn es gab ja ein doppeltes Jahr, ein kirchliches Mondjahr von Nisan beginnend und ein bürgerliches Sonnenjahr, das mit Jom kippur zu Ende ging. Auch einer zweiten Frage wäre die Spitze abgebrochen, der Frage nämlich, wie es von Salomo heissen könne, dass er 14 Tage hintereinander Festtage gefeiert. Nach der Zipser'schen Theorie fielen diese mit dem aus zwei Wochen bestehenden Jobeljahr zusammen. — Es verlohnt sich nicht, über derartige Einfälle Worte zu verlieren, und wir wollen das Ganze nur als Curiosum angeführt haben. Das Lächerliche eines 364tägigen Mondjahres, das mit Nisan beginnt, und eines Sukkothfestes, (das auf den 15. des 7. Monates fällt) dem ein Jobeljahr von 2 Wochen vorausgeht, ein Jobeljahr das am 10. des 7. Monates beginnt, springt Jedermann auf nur unangenehme Weise in die Augen. Doch es ist ja nur eine Hypothese!

[1]) Erachin 12 b. Nedarim 61 a. Rosch haschanah 9.

nicht bedürfen. Auch können wir nicht unserem unsterblichen Gesetzgeber Intentionen zumuthen, die nur auf einer mit astronomischen Kenntnissen verbundenen Genauigkeit beruhen. Weder die eine noch die andere Hypothese hat Wahrscheinlichkeit für sich, Frank's nicht, weil es noch sehr zweifelhaft ist, ob zu Moses Zeit in Egypten ein festes, geschweige denn das Julianische Sonnenjahr im Brauch gewesen, Zuckermanns nicht, weil man doch astronomische Daten von heute den mosaischen Institutionen nicht gut zu Grunde legen kann. In jener Zeit, da der Monat mit dem Sichtbarwerden des Mondes begann, und die Zeitrechnung demnach absolut von der Beobachtung abhing, konnte von einer bestimmten Dauer des synodischen Monates durchaus nicht die Rede sein. Und weil Alles auf Beobachtung beruhte, bedurfte man keines nach Principien geregelten Schaltcyklus. Moses wollte weder ein astronomisches Mondjahr, noch das tropische Sonnenjahr als Grundlage der Zeitrechnung einführen, sondern ein aus beiden zusammengesetztes ökonomisches Jahr, und bei einem solchen bedurfte er keiner astronomischen Rechnungen. Jeder Ackersmann konnte am Ende des 12. Monates wissen, ob in 14 Tagen die Gerste so weit reif sein werde, dass man eine Garbe zum Omer haben könnte, und nach diesem Gradmesser der Jahreszeit wurde der kommende Monat entweder als der 13. des letzten oder als der erste des nächsten Jahres eingesetzt. Man sieht, dass hier kein Betrug, wie ihn etwa Verres in Sicilien einmal verübt, vorkommen konnte. Die Jahreszeiten selbst wären gegen den Priester, der eine solche That gewagt, als Zeugen aufgetreten, um ihn der Uebertretung des heiligsten Gesetzes anzuklagen. In der ersten Epoche unserer Zeitrechnung konnte in Wirklichkeit kein Ausgleich der verschiedenen Jahresformen statthaben; das israelitische Mondjahr musste gegen das tropische Sonnenjahr schwankend bleiben; denn im Gemeinjahre war es um 10 oder 11 Tage kürzer und im Schaltjahre wieder um 18 oder 19 Tage länger, wohl aber stimmten 365 ökonomische Jahre mit 365 tropischen Sonnenjahren bis auf eine Kleinigkeit überein.

II. Epoche. Von Esra bis R. Juda I.

Wie in der ersten, so nimmt auch in der zweiten Epoche der Monat mit dem Sichtbarwerden der Mondsichel in der Abenddämmerung seinen Anfang. Von einer festen Monatsdauer kann also auch hier keine Rede sein, weil der Kalender sich nach dem wahren, elliptischen Lauf der Sonne und des Mondes richtet, und weil ausserdem die Zeit, welche zwischen der wahren Conjunction und dem Sichtbarwerden des Mondes liegt, von zu verschiedenen Factoren abhängt, als dass sie eine gleichmässige sein könnte. Aber das Beobachtungsverfahren ist ein viel strengeres als in der früheren Zeit. Während man in der biblischen Epoche Neumonde und Feste einsetzte und anordnete, je nachdem die Mondphasen dazu aufforderten, betrachtete man in der zweiten Epoche die Fixirung des Monatsanfanges als einen gerichtlichen Act, dem ein Zeugenverhör vorausgehen musste. Aller Wahrscheinlichkeit nach hat schon die grosse Synagoge die Einrichtung getroffen, dass die Neumonde — wenigstens der 2 Festmonate Nisan und Tischri — vermittels Beobachtung und Aussage glaubwürdiger Zeugen[1]) angesetzt werden; und wir sind zu dieser Annahme umsoeher berechtigt, als wir uns sagen müssen, dass unsere Alten dieses Verfahren als das geeignetste Mittel erkennen mussten, die Länge des Monats zu eruiren. Und diese Länge suchten sie schon aus dem Grunde, weil sie doch zu Zeiten bei verhinderter oder mangelnder Beobachtung darauf angewiesen waren. Demnach ist es unseres Erachtens überflüssig, ja ungerecht, unsere Vorfahren zu Chaldaeern und Griechen in die Schule zu schicken und ihre astronomischen Kenntnisse aus dem Auslande holen zu lassen, da sie doch zu Hause eine Institution hatten, die ihnen, wenn auch nach langwierigen, complicirten Berechnungen, annähernd sichere Resultate liefern musste. Brauchten sie ja nur die Distanzen der Meridiane, unter welchen zwei auf einanderfolgende Neumonde in der Abenddämmerung beobachtet wurden, genau zu kennen, um die Dauer des einen oder andern Monates präcise zu bestimmen, und nach einer Reihe von solchen Beobachtungen die Summe der aufgezeichneten Tage, Stunden u. s. w. durch die Anzahl der Monate zu dividiren, um die Länge des Monats

[1]) Man machte es demnach jedem Israeliten zur Pflicht, die Beobachtung des Neumondes, so er nicht über einen Tag Weges vom Synhedrialsitze entfernt war, dem Gerichtshofe persönlich anzuzeigen. Zu diesem Zwecke konnte er sich über das Sabbatgebot hinwegsetzen, und dies galt in späterer Zeit, da die Zeugen sich legitimiren mussten, auch für die Personen, welche deren Glaubwürdigkeit erhärten sollten. Die Zeugen wurden aufs zuvorkommendste behandelt und bewirthet, und so viele ihrer auch vor das Synhedrin traten, wurde kein einziger rundweg abgewiesen. Vgl. Rosch hasch. I, 4, 6, 9. II, 1. In früherer Zeit scheinen die Hohepriester das Zeugenverhör angestellt zu haben, wie aus l. c. I, 7 hervorgeht. Unter R. Gamaliel II. durfte sich kein Zweiter beim Zeugenverhör etwas herausnehmen; wachte er doch selbst über die Aufnahme der Zeugen mit Strenge. Interessant ist die dem bab. Talmud widersprechende Stelle in j. Rosch haschanah 1, 6 משנה. סברין מימר מפני ת"ת ועכבן ר"ע בלוד מפני שהן פר ת"ת אבל אם הי' ת"ת או לא הי' מעכב שלח לו ר"ג אם אתה מעכב את הרבים מלמשות דבר מצוה צריך נידוי אמר ר' יהודה חס ושלום לא עכבן ר"ע אלא ראש גדר היה ושלח ר' גמליאל והעבירו מראשותו. Im Babli ist die Sache anders dargestellt, hier heisst es p. 22 אמר ר' יהודה חס ושלום שעכבן אלא שזפר ראש של גדר עכבן ושלח ר"ג והורידו מגדולתו. Dies widerspricht jedoch der Mischnah.

zu erfahren. Man vergesse jedoch nicht, dass dieser Monat, insofern seine Grenze nicht die Conjunction, sondern das Sichtbarwerden der ersten Mondstreifen war, von unserem heutigen wesentlich verschieden gewesen, und dass es, da die zwischen den genannten Grenzen liegende Zeit von der jedesmaligen Lage der Ekliptik gegen den Horizont abhängt, neuer Berechnungen bedurfte, um die eigentlich mittlere Länge des synodischen Monates herauszubekommen. Wie lückenhaft daher auch die Aufzeichnungen gewesen sein mögen, welche das Synhedrin nach der Aussage nicht immer ganz zuverlässiger Zeugen gemacht, so ist es doch nicht überraschend, wenn R. Gamaliel I [1]) die mittlere Länge des synodischen Monates als ein feststehendes Resultat tradiren zu können glaubte. Auch können wir nicht umhin die Verschwiegenheit, wie sie im Kalenderrathe [2]) herrschte, in dem Umstande begründet zu finden, dass man aus angemessener und berechtigter Vorsicht kein endgültiges Resultat in die Oeffentlichkeit dringen lassen und nur aus dem Grunde solche Männer zuziehen wollte, die verschwiegen und zugleich auch befähigt waren, die Aussagen der Zeugen nicht nur für den Augenblick, sondern auch in Hinblick auf das angestrebte Ziel zu verwerthen. Man sollte nun erwarten, dass bei einem mit solcher Strenge gehandhabten Verfahren der Kalender ausschliesslich auf der Beobachtung allein beruhte. In Wirklichkeit aber ist dem nicht so. Schon Esra scheint sich nicht immer nach der wahren Conjunction gerichtet zu haben; denn die Quelle berichtet uns, dass seit seiner Zeit der Monat Elul nie vollzählig gewesen [3]), was doch

---

[1]) Vgl. Rosch haschanah 25 a אמר להם רבן גמליאל כך מקובלני מבית אבי אבא אין חידושה של לבנה פחותה מכ״ט יום ומחצה וב׳ שליש וכו׳ Wir kommen weiter unten auf diesen Passus zurück, wollen jedoch hier schon darauf aufmerksam machen, dass der Ausdruck חידושה nicht wörtlich zu nehmen ist; denn bezöge er sich wirklich auf die wahre Conjunction, so wäre einmal die Angabe nicht ganz richtig, und zweitens insofern lückenhaft, als man doch die andere Grenze vermissen muss.

[2]) Dass סוד העבור ursprünglich nicht Kalendergeheimniss, sondern Kalenderrath bedeutete, geht aus Ketuboth 112a deutlich hervor. Von R. Eleasar (und nicht R. Seira, wie es im Orient XI, 526 irrthümlich heisst) wird erzählt, er habe כי איעברו בסוד העבור seine dreifache Freude darüber zu erkennen gegeben. Ebensowenig ist man bemüssigt, die Worte דיש מר ואר פלוגא ותני בסוד העבור anders zu nehmen. Doch ist es wahrscheinlich, dass man in späterer Zeit die in diesem Kalenderrathe gewonnenen Resultate selbst סוד העבור nannte, schon aus dem Grunde, weil sie ausser den einzelnen Adepten nur Wenigen bekannt wurden. Dass man sie vor den Heiden geheim hielt, ist eine blosse Vermuthung, denn die Stelle Ketub. 111a שלא יגלו הסוד לעכו״ם beweist nichts, weil, wie schon Raschi bemerkt, unter סוד schlechthin noch etwas anderes zu verstehen ist. Vgl. weiter unten.

[3]) Rosch haschanah 19b, 32a, Beza 6b und Parallelstellen. Allerdings wird die Sache im Talmud so dargestellt, als hätte Esra keine Verfügung hierüber getroffen

gewiss nicht blos Zufall sein konnte. Wahrscheinlich konnte er nicht umhin, eine hierauf bezügliche Anordnung zu treffen, weil es ihm am Herzen lag, dass die Einheit des Volkes durch das gleichzeitige Begehen der Festtage zum Ausdruck gelange. Doch wollen wir dies nur als Vermuthung hinstellen, ein Mal weil über den Namen des Referenten[1]) die Lesearten schwanken, und weil sich zweitens aus jener Zeit nur die eine Nachricht erhalten, dass die Namen der Monate aus Babylon stammen[2]), und wir bis zum zweiten Tanaitengeschlecht nichts Zuverlässiges vorfinden. Aber desto mehr Belege finden wir aus der späteren Zeit dafür, dass man, durch die in Folge der Beobachtung gewonnenen Resultate belehrt, der Beobachtung selbst theils vorgriff, ja theils sie ganz umging. Wäre die wahre Conjunction resp. das Sichtbarwerden des Mondes immerdar massgebend gewesen, hätte man der Berechnung gar keinen Raum gewährt, so ist nicht abzusehen, wie man im Voraus über den Charakter des Monates mit Sicherheit beschliessen konnte. Und dass man dies gethan, beweist die Controverse R. Simon's b. Gamaliel mit den Chachamim[3]) und noch mehr der Umstand, dass der Patriarch schon am Ende des 12. Monates den Gemeinden der Diaspora die Dauer des Schaltmonates anzeigte[4]). Wusste er denn, dass der Neumond בזמנו oder בליל עיבורו zu sehen sein werde, dass er im Voraus den Adar II vollzählig oder

und als wäre es nur traditionell oder gar historisch festgestellt, dass während der ganzen Epoche der Monat Elul mangelhaft gewesen. Aber es bleibt doch eine höchst auffallende Erscheinung, dass die elliptische und so besonders vielen Störungen ausgesetzte Bewegung des Mondes gerade im Monate Elul fast ganze 6 Jahrhunderte hindurch eine solche Regelmässigkeit gezeigt.

[1]) Nach der einen ist's Rabbi, nach der andern Rab.

[2]) Jer. Rosch haschanah 1, 1. Bei den Syrern finden sich nur die Namen Tischri, Schebat, Adar, Nisan, Ijar, Thamus, Ab, Elul; unserem Marcheschvan entspricht Tischri II; Kislev, Tebeth, Sivan heissen Kanun I, Kanun II, Haziran. Vergl. Ideler l. c. I 430. Andere wollen sie aus den altpersischen Monatsnamen herleiten, und es liegt wohl sehr nahe, dass die Juden, die lange unter persischer Oberherrschaft gestanden, sie den Persern entlehnt. Vergl. Ibn Esra, Nachmanides zu Ester 3, 13. „Ueber die Monatsnamen" von Th. Benfey und Mor. A. Stern und Allgemeine Encyklopädie von Ersch und Gruber II. Sect. Bd. 28, p. 95.

[3]) Synhedrin 11a. כמה עבור השנה שלשים יום רשב״ג אומר חדש, R. haschanah 19b, Erachin 9b.

[4]) Synh. ibid. Wenn wir mit Herrn Dir. Frankel Gamaliel I das Synhedrialschreiben dictiren lassen, so hätten wir einen Beleg dafür, dass die Beobachtung schon vor der Zerstörung des Tempels durch die Berechnung beeinträchtigt wurde. Doch so sehr auch der Passus שהיה יושב על גבי מעלה בהר הבית für Gamaliel I spricht, führt doch der Talmud selbst die Begebenheit auf R. Gamaliel II. zurück, insofern er die in dem betreffenden Sendschreiben zu Tage tretende Bescheidenheit des Patriarchen als Folge seiner Amtsentsetzung betrachtet. Vergl. Darke hamischnah p. 57 ff.

mangelhaft machen konnte? Und ebensowenig konnte man sich nach dem wahren Lauf des Mondes in jenen Jahren richten, in denen mehrere Monate hintereinander die Beobachtung, sei es durch die Witterung, sei es durch Mangel an Zeugen, unterblieb. Wir haben eine Mischnah [1]), die das Gepräge des Alters trägt und die eben für diesen Fall, dass die Beobachtung nicht in Anwendung gebracht werden kann, einen chronologischen Grundsatz aufstellt. Die Anzahl der vollzähligen Monate, lehrt sie, dürfe nicht kleiner sein als vier, und nicht grösser als acht, d. h. das Mondjahr dürfe nicht weniger als 352 und nicht mehr als 356 Tage zählen. Diese Grenzen liegen noch viel zu weit auseinander, als dass wir annehmen könnten, man habe zu jener Zeit die mittlere Länge des synodischen Monates auch nur annähernd gekannt. Einen erfreulichen Fortschritt nach dieser Richtung documentirt die Boraitha [2]), insofern sich die Grenzen, innerhalb welcher

[1]) Erachin II, 4. Diese Mischnah hat im Talmud p. 9 eine zweifache Auslegung gefunden. Ulla bemüht sich die etwas zu weiten Grenzen dadurch zu verringern, dass er den Vordersatz durch den Nachsatz erläutert wissen will. Nach ihm muss der Grundsatz lauten: der vollzähligen Monate seien nicht weniger als vier, denn der mangelhaften dürfen nicht mehr als acht sein. Auffallend ist, dass der auch als Astronom gerühmte Samuel die Grenzen des Mondjahres so weit wie R. Huna ausdehnt, und noch auffallender ist die Art und Weise, wie der Talmud diese verschiedenen Jahresformen nach Samuel erklärt. אף שמואל סבר לה כרב הוא דאמר שמואל אין שנת לבנה פחותה משלש מאות ושנים יום ולא יתירה על שלש מאות חמשים וששה יום הא כיצד שניהם מלאים שנה שלימה שניהם חסרים בי אחד מלא ואחד ארבע. Abgesehen davon, dass man hier שלימים anders als gewöhnlich nehmen muss, bleiben noch die Jahresformen von 353 und 355 unerklärt.

[2]) Rosch haschanah 6b, 20a Sukka 54, Sabbath 87b, Erachin 9b. Nach der Tosifta Erachin c. I kann das Wochenfest nur auf den Tag der Woche fallen, an welchem der zweite Pasahtag gewesen, wohl aber kann ר״ה sowohl mit dem zweiten als auch mit dem dritten Tag des Pasah übereinstimmen. אין עצרת חל להיות אלא ביום הנף אין ר״ה חל להיות אלא ביום הנף ויבים דברי אחרים אומרים אין בין עצרת לעצרת ואין בין ר״ה לר״ה אלא ד׳ ימים ואם היתה מעוברת חמשה ימים. Man sieht hieraus deutlich, dass die Acherim im Gegensatz zu den Vertretern der ersten Ansicht stehen, und doch bemüht sich merkwürdigerweise der Talmud Erach. 9b diese zwei Ansichten als sich nicht widersprechend hinzustellen, und R. Mescharschajah ist es, der's unternimmt zu zeigen, auf welche Weise nach den Acherim ר״ה auf den יום הנף fallen könne, und zwar wie folgt. Man habe, sagt er, in einem Schaltjahr Adar II vollzählig eingesetzt und in Folge dessen von den Sommermonaten anstatt drei vier zu 29 Tagen angenommen, weil doch widrigenfalls zwischen zwei ר״ה 6 Tage lägen. Die Sache wäre nun glatt abgethan — wenn sie nur nicht einen Haken hätte. Es ist richtig, dass, wenn das Wochenfest in Folge des mangelhaften Ijar vom 6. auf den 7. Sivan verlegt wird, R. H. auf denselben Wochentag fällt, an welchem שבועות gewesen; auch ist es richtig, dass das Jahr unter den angenommenen Bedingungen nur 383 Tage zähle; aber unrichtig ist und bleibt es, dass zwischen den zwei Wochenfesten nur 5 Tage liegen. Der 30. Tag des Schaltmonats kann in Bezug auf שבועות nicht verdrängt werden.

das mittlere Mondjahr liegt, allmälig nähern. Das Wochenfest, lehrt R. Schemajah, könne, je nachdem das Jahr 355, 354, 353 Tage zählt, auf den 5., 6., 7. Sivan fallen, während nach den Acherim, die nur eine Jahresform acceptiren, die Zeit von einem Wochenfeste bis zum andern als eine constante Grösse zu betrachten ist. Mag auch diese Boraitha von nur theoretischer Bedeutung sein, so zeigt sie uns doch, dass man nur allmälig die mittlere Länge des Mondjahres ermittelte, und dass unsere Vorfahren nur nach langjährigen Beobachtungen erst unter Mondjahr schlechthin 354 Tage verstanden [1]). Im Laufe der Zeit näherten sie sich immer mehr und mehr der Wahrheit, bis man endlich auch die Durchschnittslänge des Monates genau zu kennen glaubte; denn in je grösserer Wechselwirkung Berechnung und Beobachtung standen, desto aufmerksamer und genauer musste man beide handhaben, und umsoeher musste man die Ueberzeugung gewinnen, dass die mittlere Länge des synodischen Monates grösser denn 29,5 Tage sei, als man doch schon nach drei Jahren eine um einen ganzen Tag grössere Länge des Mondjahres beobachtete. Und in der That glaubte man schon lange vor der Zerstörung des Tempels, dass die mittlere Monatslänge 29d $12\frac{770}{1080}$h betrage. Belege hierfür finden wir sowohl im Talmud als auch in andern alten Quellen. Einst, so erzählt die Boraitha [2]), wähnte man am 29. Tage den Mond am bewölkten Himmel gesehen zu haben, und wollte das Volk den Gerichtshof veranlassen, den Neumond zu heiligen. Dagegen habe nun R. Gamaliel II. [3]) sein Veto eingelegt und bei dieser Gelegenheit seinen Collegen, die schon öfter über das willkürliche Gebahren des Patriarchen bedenklich geworden, die Erklärung abgegeben כן מקובלני מבית אבי אבא אין חידושה של לבנה פוחתה מכ"ט יום ומחצה וכ' שלישי שעה.

---

[1]) Tosifta Nasir c. I und Parallelstellen.

[2]) Rosch hasch. 25a. Den Conflict des Patriarchen mit dem hochgestellten und astronomisch gebildeten (vergl. Horajoth p. 10a. und Rapoports Sendschreiben an Slonimski in תולדות השמים) R. Josua und die Art und Weise, wie R. Akiba intervenirte, darf ich als bekannt voraussetzen.

[3]) R. Gamaliel hatte die Astronomie zu seinem besonderen Studium gemacht er war ein gar strenger Richter auch den עדי החדש gegenüber; seine Querfragen und die Art und Weise, wie er das Zeugenverhör anstellte, bekunden es zur Genüge, dass er nicht der Beobachtung allein Rechnung getragen. Die Karäer (Eschkol hakofer p. 75 קפ"ב) betrachten ihn auch als den Begründer des neuen Kalenders, wie sie ראשון נשיאים für den Urheber der Dechijoth halten. Gelegentlich wollen wir hier bemerken, dass Makrisi bei De Sacy einen R. Elieser ben Farnach als Begründer unseres Kalenders nennt. Vergl. hierüber De Sacy Chrest. arab. I. (2. ed.) p. 287, Hajonah p. 18. und Ideler l. c. I, 599. Aller Wahrscheinlichkeit nach ist, wie Steinschneider meint, an den R. Elieser zu denken, der die Schöpfung auf תשרי verlegt.

Die Worte ועג חלקים sind, wie dies David Gans[1]) zur Genüge erhärtet hat, und wie es auch an der verschiedenen Ausdrucksweise deutlich zu erkennen ist, ein Einschiebsel. R. Gamaliel hätte sicherlich — wenn ihm die Eintheilung der Stunden in Chalakim überhaupt bekannt gewesen — תשצ״ג חלקים gesagt.

Die von R. Gamaliel tradirte Länge des synodischen Monates findet sich auch in zwei anderen alten Quellen, in der Boraitha des Samuel und in den Pirke des R. Elieser, wo wir ihr als Grundlage des 84 jährigen Cyklus begegnen. Die abhanden gekommene ברייתא דשמואל kennen wir nur aus Citaten alter Schriftsteller. Der erste, der ihrer gedenkt, ist Sabatai Donolo (913—970) in der Vorrede zu seinem תחכמוני[2]) und in seinem Commentar zu derselben[3]), in welchem er Samuel החכם חבירו של רב[4]) nennt. Ferner findet sie bei Raschi Jes. 9, 13. 19, 15 Erwähnung; Abraham Hanasi sagt von ihr (Sefer haibbur II, 2) ובברייתא הזאת בשם שמואל כתוב הרוצה לידע בכמה בשכה ראש חדש מחשב משנברא העולם ונותן יום ותשעה ושלישי שעה גדולה מ״ב ליום לכל חדש וחדש[5]) d. h. mit anderen Worten: der

[1]) In seinem Werke Nechmad venaim § 213 bringt Gans mehrere Beweise für die Richtigkeit dieser Leseart. Die Worte יתג חלקים fehlen in der ברייתא דש מואל allen Alten, die sie citiren und ebenso in den Pirke des R. Elieser. Auch Nachmanides, der Gegner Maimonis, (ספר הגאולה קנ״ז) scheint dieselbe Leseart gehabt zu haben, sonst hätte er nicht behaupten können, dass kein einziges Princip unseres Kalenders im Talmud zu finden sei. Gans glaubt übrigens nicht, dass R. Gamaliel von der mittleren Länge des Monates spreche, weil man sich, nach seiner Ansicht, zu jener Zeit ganz genau nach dem wahren Lauf des Mondes gerichtet. Auch Luzzato, der sich Anfangs (Orient 1850 p. 689) gegen jedwede Interpolation gesträubt und die Ansicht Gans's mit allen möglichen Waffen bekämpft, hat später (Kerem Chemed VIII p. 89) durch ר׳ משה הדרשן belehrt, eingestanden, dass R. Gamaliel von den תג חלקים nichts gewusst, und dass diese Worte nur von einem späteren Amoräer herrühren können. Vergl. auch Annalen 1840 p. 141.

[2]) Vgl. Geiger Melo Chofnajim p. 31. 32.

[3]) Kerem Chemed 7, 65, Frankel's Monatschrift VI. B.

[4]) Diese Worte rühren von Donolo selbst her; dies beweist der Umstand, dass sie schon R. Elieser aus Worms, der Verfasser des Buches Rasiel gelesen. חכם soll hier das Wort יהודאי substituiren; demnach ist die Annahme Carmoly's (Annalen 1840 p. 225), dass Samuel nicht der des Talmud sei, ebenso unbegründet, wie es geradezu falsch ist (ibid. a. 1839 p. 222) R. Elieser aus Mainz (um 1060) zum Verfasser der פרקי דר׳ אליעזר zu machen. Vgl. Zunz Gottesdienstl. Vorträge p. 93. hajomah p. 19.

[5]) H. Philipovski, der Herausgeber des Sefer haibbur, will aus den Worten בברייתא הקראה בשם שמואל ור׳ אליעזר den Schluss ziehen, dass diese ברייתות identisch seien, und glaubt diese Behauptung durch gleichlautende Citate aus denselben wie aus Donolo und durch die Worte des Kusari 4, 29 erhärten zu können. David Cassel hat schon darauf hingewiesen, dass Raschi, der 18 Jahre vor der Abfassung des ספר העבור gestorben, beide Werke mit verschiedenen Namen anführt, dass ferner schon Aruch die Boraitha des R. Elieser kennt und Ibn Esra, der Zeitgenosse Juda ha Levi's, beide Namen gebraucht (vergl. Monatsschrift I, 65 ff.).

Moladcharakter [1]) des Monates ist 1d 12h 720ch. Auch Ibn Esra Exod. 12, 2 und Simon Duran (in seinem Hiobcommentar) gedenken ihrer. In dem von Sebastian Münster 1527 zu Basel herausgegebenen Kalender heisst es p. 50 ובן תני בברייתא דשמואל ירחינאי בשעלה יששבר ברקיע קבע תתרף חלקים לשנה und ebenso liesst man weiter ואם תאמר למה לא קצר רשב"ג לומר השצ"ג מפורש בסוד העיבור ואין להאריך פה p. 90 heisst es בניסן הראשון של בריאת העולם קדמה החמה וכו'. Der Passus über die astronomischen Kenntnisse der Söhne Isachar's findet sich auch in der Einleitung des ספר עבורתות von Elieser Bellin Aschkenasi (zweimal edirt Riwa 1562 und Offenbach 1772 [2]). Mag sein, dass die von Israeli in Jesod Olam citirte Boraitha [3]) auch ein Bruchstück der B. d. S. ist. Wir kommen bei diesem Gegenstand

---

Sen. Sachs hat aber dieser Hypothese den Boden entzogen durch den Nachweis, dass beide Boraithoth nicht originell sind, sondern eine gemeinsame ältere Quelle zur Grundlage haben (vergl. seine Techijah p. 20 ff. Monatsschrift I, 280), und dass bei Donolo und im Midrasch Konen Stellen aus der B. d. S. vorkommen, von denen in P. d. R. E. keine Spur zu finden ist. Ueber die Abfassungszeit wie über den eigentlichen Inhalt der B. d. S. gehen die Ansichten weit auseinander. Während die Einen sie mit dem in ר"ה 20b angeführten סוד העיבור identificiren (s. Nachmanides zu Job c. 26), erklären sie die Anderen für eine Sammlung aller im Talmud zerstreut vorkommenden Aussprüche Samuels (Zunz l. c.). Slonimski und Steinschneider halten dafür, dass die B. d. S. älter sei als P. d. R. E. und dass sie von der letzteren benützt worden, während S. Sachs das Gegentheil behauptet. Im Jahre 1863 ist die B. d. S. von einem Herrn Eliah Kohn aus Lubranitz edirt worden. Der Herausgeber hat dafür gesorgt, dass man über den Werth seines opusculum nicht lange in Zweifel bleibe, denn er nennt den glücklicher Weise entdeckten Fund ברייתא דשמואל הקטן. Aller Wahrscheinlichkeit nach ist sie eine Compilation aus Donolo's Commentar, obgleich sie Sätze enthält, die dort fehlen. Sie enthält 9 Abschnitte, unter denen der 5. mit den Worten בשנת ארבעה אלפים חמש מאות ושלשים ושש שנה שי חמה ולבנה שמשות ותקופות beginnt. Beigefügt ist ihr מסכת גן עדן תהלים. Hier will ich nur noch kurz bemerken, dass einzelne Stellen, wie die über das Verhältniss des Mondenlaufes zum Sonnenlauf, auch im Jeruschalmi ר"ה zu finden sind.

[1]) Vergl. weiter den zweiten Theil unserer Arbeit.

[2]) Hier heisst es: אמר שמואל כשעלו בני יששכר לרקיע קבעו תתרף חלקים לשנה שכן בני יששכר יודעי בינה לעתים שהם בגימטריא תתרף כי הם סוד שלה ו מאות כי המשלים הם אחרית מבנך מקום אשר האחרות וכן שרץ ת ך. ם ג ת ק הל אשר הוא מנה יותר של שלמים אשר שהיה הוא ד' מאות אב ך ה מאות וחמש מאות ו מאות וכן כלם החמשה על זה הסוד של א"ק ב'כ'ר ש"ס בכל אשר הוא ג' מספרים אחרית ספירות ומאות הר סודם סוד שלה וחד תמצא ששים שלה תתרף. Ebenso will der Verfasser — der übrigens einer der tüchtigsten Chronologen gewesen und das Kalenderwesen recht gründlich verstanden — die 1080 Chalakim in dem Bibelvers Jesaias 27, 4 אף שנה בה אצרנה יחד angedeutet finden.

[3]) Jesod Olam. Berlin 1848 c. IV, 2. כי הא דתני שנת הדבר שלש שנים שלש שלש שנים שלש רבי ר' אליעזר וחכמים אומרים שלש שלש שנים שלש שלש שנים שלש רבן גמליאל אמר שלש שלש שנים שלש שלש שנים שהוא סבר נוח אדום האומר והלכה כרבנן. Die Boraitha wird auch von Scaliger l. c. 620 citirt.

über die blosse Vermuthung nicht hinaus, denn wir haben selbst für die uns vorliegenden Secundär-Quellen keine Gewähr, dass sie aus der ursprünglichen Quelle geschöpft sind; vielleicht sind die Citate aller Späteren den Schriften Donolo's entlehnt.

In den Pirke[1]) des R. Elieser,[2]) welche nach Rapoport (Kerem Chemed 7, 17) und Zunz (l. c. 277) frühestens im achten Jahrhundert redigirt wurden, finden wir drei Capitel (6, 7, 8), die ausführliche Mittheilungen über das Kalenderwesen enthalten und die aller Wahrscheinlichkeit nach aus einer viel ältern Quelle geschöpft sind. Die engen Grenzen unserer Arbeit gestatten es nicht, auf dieselben hier näher einzugehen; wir verweisen auf Steinschneider's Emendationen[3]) und wollen, soweit es der Gegenstand erheischt, das Allernöthigste aus denselben herausheben. Nachdem der Verfasser im Eingang des 6. Cap. die Reihenfolge und Herrschaft[4]) der Planeten wie deren Verhältniss zu den übrigen Himmels-

[1]) Sie werden auch unter dem Namen ברייתא דר׳ אליעזר angeführt v. R. Nathan im Aruch, von Raschi Gen. 17, 3 und R. Tam ספר הישר § 668. Letzterer sagt Ketuboth 99 (ושם ודה ותנן לי) משנה ברייתא דר׳ אליעזר.

[2]) Nach Zunz liegt diesem agadischen Werke ein vollständiger Plan zu Grunde; die Aufeinanderfolge der Capitel ist mit einigen Unterbrechungen eine systematische, namentlich scheint zwischen c. 46 und c. 49 wie zwischen 52 und 53 eine Lücke zu sein. Doch fehlen alle Spuren, dass von dieser Schrift zu irgend welcher Zeit mehr, als wir gegenwärtig besitzen, vorhanden gewesen. Das Werk ist übrigens nicht durchgehends dem R. Elieser vindicirt worden. Maimonides (More II, 26) betrachtet es nur als ihm zugeschrieben. Senior Sachs's Ansicht über die P. d. R. E. geht dahin, dass sie in ihrer uns vorliegenden Fassung aus zwei Büchern zusammengeflossen sind, die möglicher Weise einen Verfasser hatten, und die sich zu einander verhalten wie Text und Commentar. An den Text, welcher die Geschichte Israels in hagadischer Plotform behandelt und der wahrscheinlich für rituelle Zwecke berechnet war, reihen sich eine Anzahl hagadischer Erzählungen und Deutungen gleichsam als Erklärung und Bestätigung des im Text Gesagten. Vergl. Monatsschrift I, 377 ff. und Techijah. p. 20 Anmerk. hajonah p. 95.

[3]) Vergl. Ersch und Gruber Allg. Enc. II. Section, 27. Theil, p. 434 ff. und hajonah 17—35, ibidem S. 23, Zeile 2 oben ist [illegible] zu streichen.

[4]) Um diesen Begriff zu verdeutlichen wollen wir hier einen Passus aus Dio Cassius, den auch Ideler (l. c. 178) an passender Stelle verwerthet, wiedergeben. Dio Cassius, sagt dieser, bemerkt (l. 37 c 17), dass die Juden den Tag des Saturn feierten, und dies giebt ihm Gelegenheit zwei Principien aufzustellen, von denen man seiner Meinung nach bei der Benennung der einzelnen Tage dieses Zeitkreises ausgegangen ist. Das eine ist harmonischer, das Andere astrologischer Art. Wenn man, sagt Dio Cassius, das musikalische Intervall διὰ τεσσάρων, die Quarte, auf die 7 Planeten nach ihren Umlaufszeiten anwendet und dem Saturn, dem äussersten von allen, die erste Stelle anweiset, so trifft man zunächst auf den vierten, die Sonne, dann auf den siebenten, den Mond, und erhält so die Planeten in der Ordnung, wie sie als Namen der Wochentage aufeinander folgen. Oder wenn man die Stunden des Tages und der Nacht von der ersten (Tagesstunde) zu zählen

körpern und insbesondere zu den Sternbildern des Thierkreises kurz besprochen, geht er zu dem tropischen Sonnenjahr über. Das tropische Sonnenjahr von 365,25 Tagen hat vier Tekuphoth, deren jede 91 Tage 7,5 Stunden zählt. Vier solche Jahre bilden den kleinen Sonnencyklus, dessen Charakter (so wollen wir per analogiam den Ueberschuss von Tagen nennen) 5 Tage ist. Der grosse Sonnencyklus besteht aus 28 Jahren = 7×4 kleinen Cykeln. Der Moladcharakter des dreijährigen kleinen Mondcyklus = 6 Tage, d. h. die Conjunction tritt nach 3×12 Monaten um einen Tag früher und nach sieben solchen kleinen Cykeln, die den grossen Mondcyklus bilden, zur selben Zeit wieder ein. Nach drei grossen Sonnen- und ebenso vielen Mondcykeln, also am Ende der 84jährigen Periode, die eine Stunde des Gottestages ausmacht, kommen Sonne und Mond auf denselben Punkt zurück, von dem sie bei der Schöpfung ausgegangen. Um nun am Ende dieser Periode einen wirklichen Ausgleich herstellen zu können, muss man mit Bucherius[1]), der diesen Cyklus ausführlich behandelt und gründlich commentirt hat, 15 Gemeinjahre zu 355 und 38 zu 354 Tagen, wie 31 Schaltjahre zu 384 Tagen — und zwar in folgender Weise: 8mal 3, 3,2, 4mal 3, 2,2 und 1mal 2, 2,2 — annehmen. Nach Bucherius, dem Epiphanius[2]) und Cyrillus[3]) beipflichten, habe dieser 84jährige Cyklus zur Zeit Simon's des Maccabäer (142 v. Chr.) Eingang gefunden und sei bis zur Einführung unseres constanten Kalenders beibehalten worden.

Wir dürfen uns wohl der Mühe enthoben betrachten, die Haltlosigkeit dieser Hypothese zu begründen. Der ganze Schaltcyklus ist eine Spielerei, und kann in der Praxis nie angewendet worden sein,

---

anfängt, diese dem Saturn, die folgende dem Jupiter, die dritte dem Mars, die vierte der Sonne, die fünfte der Venus, die sechste dem Merkur, die siebente dem Monde beilegt nach der Ordnung, welche die Egypter den Planeten anweisen, und immer wieder von vorn anfängt, so wird man, wenn man alle 24 Stunden durchgegangen ist, finden, dass die erste des folgenden Tages auf die Sonne, die erste des dritten auf den Mond, kurz die erste eines jeden Tages auf den Planeten trifft, nach welchem der Tag benannt wird. Der Planet, mit welchem die erste Tagesstunde beginnt, ist der Herr des Tages; kennt nun der Astrolog den Regenten des jedesmaligen Tages, nach welchem derselbe benannt wird, so weiss er auch, unter welchem Einfluss jede Stunde steht. Es kommt also darauf an, den Regenten jedes Monatstages oder den entsprechenden Wochentag zu finden. In den P. d. R. El. werden beide Regenten, des Tages und der Nacht, genannt. כל הכוכבים משרתים לז׳ כוכבים של שעות ושמן כל״ש צמחנ״ק משרתים לשבעה ימי שבוע יום א׳ כוכב וחמה יום ב׳ צדק לבנה יום ג׳ נגה מאדים יום ד׳ שבתאי כוכב יום ה׳ חמה צדק יום ו׳ לבנה נגה יום ז׳ מאדים שבתאי.

1) In seinem Werke de doctrina temporum in Victorium Aquitanum p. 331 f.

2) Haeres. L. I, c. 26, p. 448.

3) Prologus Paschalis.

und am allerwenigsten bei uns zu einer Zeit, in welcher sowohl die Fixirung des Monatsanfanges als auch die Intercalation, wenn auch nicht ausschliesslich, so doch vorwiegend auf Beobachtung beruhete. Wenn es in dieser Epoche eine Zeit gegeben, in welcher die Berechnung allein maassgebend war, so können es nur die traurigen Jahre 135—140 der Hadrianischen Regierung gewesen sein, jene Zeit, in welcher R. Akiba das Patriarchat interimistisch verwaltete. Die Nachwehen des Barkochba-Krieges und die Hadrianischen Verfolgungsedicte waren allerdings dazu angethan, die Einsetzung des Neumondes vermittelst Zeugenaussage zu suspendiren und den im Söller zu Lydda versammelten Gesetzeslehrern die Nothwendigkeit eines auf Berechnung fussenden Kalenders nahe zu legen. Und in der That dient uns das Factum, dass man den im Kerker schmachtenden R. Akiba zu Rathe gezogen[1]), als Beweis dafür, dass man in jenen Tagen auf die Beobachtung keine Rücksicht genommen. Aber kaum hatte das unerwartete Ende der Verfolgung die vielen Flüchtlinge in ihre Heimath zurückgerufen, kaum waren die sieben Schüler R. Akiba's aus ihrem Versteck hervorgekommen, so gingen sie auch schon daran, das in Folge der Unterdrückung in Unordnung gerathene Kalenderwesen zu regeln und ein Schaltjahr anzuordnen. Kaum hatte R. Simon b. Gamaliel II. das Patriarchat angetreten, so wusste er auch — wie dies aus seinem Verfahren R. Chanina[2]) gegenüber deutlich genug zu erkennen ist —

[1]) Synhedrin p. 12a. vgl. Darke hamischnah p. 121, wo dieses Factum anders erklärt wird.

[2]) R. Chanina, ein Neffe des R. Josua, hatte während des hoffnungslosen Zustandes in Judaea in Nahar-Pakor ein Synhedrin organisirt und den vom Mutterlande getrennten babylonischen Gemeinden einen Mittelpunkt gegründet, von welchem die religiösen Anordnungen ausgehen sollten. Als Vorsitzender des Synhedrin vindicirte er sich das Recht, Schaltjahre und Festfeier nach denselben Grundsätzen, wie sie in Judaea üblich waren, anzuordnen. Allein kaum hatte sich das Synhedrin in Uscha constituirt, kaum hatte der Patriarch seine Functionen aufgenommen, so schickte er auch schon zwei Deputirte, R. Isaak und R. Nathan, an R. Chanina mit einem Sendschreiben versehen, das die schmeichelhafte und ungewöhnliche Formel hatte: „An seine Heiligkeit Chanina". Die von R. Chanina aufs freundlichste empfangenen judäischen Gesandten suchten sich des Vertrauens des Volkes zu versichern und rückten, erst nachdem sie der Vorsitzende des babyl. Synhedrin der Gemeindeversammlung vorgestellt, mit dem letzten Zweck ihrer Sendung heraus. Im öffentlichen Gottesdienste las der Eine aus dem Pentateuch, אלו מועדי חנניה der Andere aus den Propheten כי מבבל תצא תורה ודבר ה׳ מנהר פקוד. Diese ironische Umdeutung machte die Anwesenden auf das Gesetzwidrige eines selbstständigen babylonischen Synhedrin aufmerksam und beunruhigte sie in ihrem Gewissen. Vergebens suchte R. Chanina sein Gebahren zu rechtfertigen, vergebens bemühte er sich die Autorität der judäischen Gesetzeslehrer in Schatten zu stellen; die Gesandten entledigten sich ihres Auftrages in würdevoller Weise: sie erwiderten R. Chanina „die Kleinen, welche du verlassen hast, sind indessen gross geworden"

mit der von seinem Vater ererbten Energie den status quo ante wieder herzustellen und das Intercalationsverfahren wie die Anordnung der Fest- und Neumondstage in der hergebrachten Weise zu beobachten.

Die Art und Weise, wie man den Ausgleich des astronomischen Mondjahres mit dem tropischen Sonnenjahr bewerkstelligte, ist der beste Beweis dafür, dass man keinen nach Principien geregelten Schaltcyklus gekannt. In der zweiten Epoche liess man sich bei der Einsetzung des Schaltmonates nicht von dem Stand der Gerste allein leiten, sondern es kamen auch noch andere Momente in Betracht. Zur Zeit der Gesetzesforschung und der genauen Gesetzesübung glaubte man bei dem früheren Brauch nicht stehen bleiben zu dürfen, und da die Schrift beim Pessachfeste den Ausdruck אביב und bei der Sukkothfeier das Wort תקופה gebraucht, so fühlte man sich verpflichtet, neben dem agrarischen Moment, das allerdings mit der Jahreszeit im engsten Zusammenhange steht, doch keineswegs ganz genau mit dem Lauf der Sonne übereinstimmt, auch letzterem Rechnung zu tragen. Nach dem Wortlaut der Schrift kommt es beim פסח weniger darauf an, dass die Sonne den Frühlingspunkt erreiche, als vielmehr, dass man reife Gerste habe, während man andererseits beim Sukkothfeste darauf zu achten hat, dass die Sonne zur Festeszeit in das Zeichen der Wage trete. Streng genommen brauchte man also nur diese zwei Punkte ins Auge zu fassen, um den Anforderungen zu genügen; da man aber am Wochenfeste die Erstlinge der Baumfrüchte darzubringen hatte, so zog man auch dieses dritte Moment in Rechnung und liess sich, wie die Tosifta[1]) berichtet, bei der Intercalation von dem Stande der Gerste und Baumfrüchte wie von dem Lauf der Sonne leiten; jedoch waren schon zwei Momente ausreichend die Einsetzung des Schaltmonates zu veranlassen[2]), während bei nur einer Bedingung mehrere Nebenumstände den Ausschlag gaben[3]). Bei den agrarischen Momenten kamen selbstverständlich nur die drei Provinzen Palästina's[4]),

---

und zeigten ihm, wie ein Gegen-Synhedrin in Babylonien die Einheit des Judenthums gefährde. R. Chanina wollte sich trotz alledem nicht fügen, und erst als R. Juda ben Batyra in Nisibis ihm bedeutet hatte, man müsse sich den Verfügungen des allgemeinen Synhedrin unbedingt unterordnen, schickte er Boten zu Pferde an die zunächst gelegenen Gemeinden, um die von ihm angeordneten Feste zu widerrufen. Vergl. Berachoth 63., jer. Nedarim VI, 8. Synhedrin I, 1. Ueber die Authenticität dieser Quellen vergl. Grätz IV, Note 21.

1) Synhedrin c. 1.

2) Synhedrin p. 11.

3) Ibidem.

4) Die Intercalation durfte nur von dem Synhedrin in Palästina ausgehen. Jer. Synh. I p. 19a. אין מעברין את השנה בחוץ לארץ ואם עברוה אינה מעוברת vergl.

Judäa, Peräa und Galiläa in Betracht, und zwar musste wenigstens in zweien die begründete Aussicht auf reife Gerste vorhanden sein. Gewisse Jahre, wie Sabbat- und Jobeljahre, konnten keineswegs embolismische sein. Man sieht also, dass es nicht geboten war, einen geregelten Schaltcyklus einzuführen und dass es für den angestrebten Zweck genügte, den Charakter des Jahres alljährlich im Kalenderrathe festzustellen. Es liegt in der Natur der Sache, dass das Synhedrin nur gegen Ende des Winters zu diesem Behufe zusammentrat; doch konnte dieser Act, der spätestens am letzten Tag des Adar I. vorgenommen werden durfte, bei zwingender Nothwendigkeit unmittelbar nach Neujahr und in Ausnahmefällen noch früher stattfinden; selbstverständlich blieb aber auch dann Adar II. Schaltmonat. Die Intercalation auf Rechnung des kommenden Jahres, wie die Aufeinanderfolge mehrerer Schaltjahre war von vornherein nicht gestattet[1]). Die Intercalation wurde stets als ein wichtiger Act behandelt, bei welchem Uebereilung und Beeinflussung der Synhedrialmitglieder ausgeschlossen waren. Schon einen Tag vorher liess der Patriarch 7 Synhedristen vorladen, auf dass sie sich von competenter Seite instruiren lassen konnten. In der geheimen Sitzung wurden nun die Gründe pro und contra gehörig erwogen, und nachdem die Debatte die Ansichten geklärt, schritt man zur Abstimmung, die bei den Jüngeren ihren Anfang nahm.[2]) Seit R. Simon ben Gamaliel unterschied man drei verschiedene Elemente im Kalenderrathe; das aus den drei würdigsten Mitgliedern bestehende engere Collegium musste in seiner Majorität dafür sein, dass man in die Berathung überhaupt eingehe; in diesem Falle zog man noch zwei berathende Mitglieder hinzu; blieb nun der Antragsteller in der Minorität, so wurde die Sitzung sofort aufgehoben, erhielt er aber die Majorität, so erweiterte sich das Collegium nochmals durch zwei, und in diesem

die Parallelstellen. Grätz hat es an der Hand des ירושלמי nachgewiesen, dass die Synhedristen, von denen es im b. Talmud heisst, sie hätten im Auslande den Schaltmonat eingesetzt, nichts anderes als Sendboten waren, die den Gemeinden den Beschluss des Synhedrins hinterbracht. In der mischnaitischen Notiz Ende Jebamoth muss es heissen (nicht לעבר) אמר ר' עקיבא כשירדתי לנהרדעא לעבור השנה und ebenso muss die Emendation überall vorgenommen werden, wo von עיבור im Auslande die Rede ist. Der Passus im Dialoge zwischen R. Chanina und den Abgeordneten Palästinas, in welchem jener auf R. Akiba, der gleichfalls ausserhalb Palästinas Schaltmonate eingesetzt habe, hinweist, fehlt im jer. Talmud. Vergl. Tosifta Megilla II. b. Megilla 18, j. Nedarim VII. p. 10. Grätz IV. Note 21.

1) b. Synhedrin 11 a.

2) j. R. hasch. 2, 1 אמר ר' זעירא בשם ר' יוחנן לקדש החדש מתחלין מן הגדול לעבר השנה מתחלין מן הצד

Siebenrichter-Collegium konnten die Beschlüsse mit einer Majorität von 4 Stimmen Gesetzeskraft erlangen. Das Präsidium führte regelmässig der Patriarch, und falls er in der Sitzung zu erscheinen verhindert war, musste nachträglich seine Einwilligung in die Beschlüsse eingeholt, und wenn er sie verweigerte, eine zweite Sitzung anberaumt werden. Die sanctionirten Beschlüsse theilte man den Gemeinden in einem Synhedrialschreiben mit, das zugleich die Gründe entwickelte, von denen das Collegium sich leiten liess.

Mit derselben unumschränkten Macht war der Patriarch in Bezug auf die Einsetzung der Neumonde bekleidet, ja vor R. Jochanan ben Sakkai mussten die Zeugen sich sogar nach dem jedesmaligen Aufenthaltsorte des Patriarchen bemühen. Er leitete das Zeugenverhör, verwickelte die vor Gericht erschienenen Männer mit Querfragen über die Zeit und den Ort der Wahrnehmung, über die Grösse und Höhe des Neumondes, und nur wenn nach seiner Ueberzeugung die Aussagen zweier Zeugen mit einander und mit der Theorie übereinstimmten, erklärte er[1]) den Tag für geheiligt. Ob dasselbe Verfahren auch am 31. Tage des Monates stattgefunden, darüber differiren die Ansichten in der Mischnah[2]). Der Neumondstag wurde den Gemeinden der Gola durch Feuersignale, die man auf den verschiedenen Bergspitzen[3]) schwang, kundgegeben, und zwar nur nach 29tägigen Monaten am Abend des 30. auf den 31. Tag[4]). In Bezug auf Alexandrien ist es zweifelhaft, ob für die Einsetzung des Neumondes das Synhedrin zu Jerusalem oder der Gerichtshof in Alexandrien massgebend war. Vielleicht hatten sie, da die Feuersignale nach Egypten aus Mangel an passenden Stationen unterbleiben mussten, schon viel früher als in Babylon den zweiten Feiertag ein-

---

[1]) Rosch haschanah II, 6, 7.

[2]) Ibidem.

[3]) Ueber diese Stationen vergl. Frankel in seiner Monatsschrift 1853 p. 412, Note 4. Die richtige Leseart in der Mischnah und Tosifta müsse lauten ומשיאין להדין ומשיאין לבית בלתין.

[4]) Vergl. Rosch hasch. p. 22b und die Parallelstelle im j. T., wo es ausführlicher heisst: אין מסיאין ללי זמנו אלא ללי עבורו ללי זמנו אין מסיאין מפני יום טוב אבל מסיאין ללי עבורו אין מסיאין אלא על החדשים המעוברים בזמנן מפני יום שחל להיות בעש ללי זמנו אין מסיאין מפני יום ללי עבורו אין מסיאין מפני כבוד שבת שאם אומר את מסיאין בין של החדשים המעוברין בזמנן בין של החדשים המעוברין שאין מעוברין בזמנן אם אומר את כן מבדרין שאנו נעלים בית דין לעבור והן מקלקלין. Durch diese Stelle ist auch Krochmals Behauptung, man habe der Gola den Neujahrstag nicht immer anzeigen können, widerlegt. Somit fällt auch seine Hypothese, dass in früherer Zeit das Synhedrin jedwelcher Stadt Neumonde eingesetzt und Festtage angeordnet, in ihr Nichts zusammen. (Chaluz III, 145) vergl. jedoch auch Tosifta ר״ה cap. I.

geführt.[1]) In der Gola fand dieser doppelte Festtag erst mit dem Aufhören der במשואות Eingang. Als man durch die Ränke der Samaritaner, welche die Gemeinden der Gola irrezuführen suchten, das so lange beobachtete Verfahren aufgeben und die Einsetzung des Neumondes durch eigene Sendboten anzeigen musste, traf man auch die Anordnung, dass all' jene Gemeinden, zu denen die Sendboten nicht immer zur Zeit kommen konnten, zweifelshalber einen zweiten Festtag zu feiern haben. Dieser unter dem Namen יום שני של גליות bekannte zweite Tag ist übrigens viel ältern Ursprungs als man gewöhnlich annimmt[2]), denn wie die Mischnah berichtet, kannte man schon das Institut der Sendboten zur Zeit des zweiten Tempels[3]).

III. Epoche. Von R. Juda I. bis Hillel II.

R. Juda I., der durch die Redaction der Mischnah dem Judenthum einen neuen Mittelpunkt geschaffen und vermöge seiner Autorität und Unabhängigkeit manche durch das Alter geheiligte Bräuche aufgehoben, führte auch im Kalenderwesen Neuerungen ein, die unserem heutigen, constanten Kalender den Weg geebnet. Unter seinem Patriarchat beginnt die astronomische Berechnung vor der Beobachtung zu prävaliren. Das Zeugenverhör sinkt zu einer blossen Formsache herab, was am deutlichsten aus dem Umstande zu ersehen ist, dass die Sendboten, welche den Gemeinden der Gola den Neumondstag notificiren sollten, seit dieser Zeit ihre Wanderung antraten, bevor noch das Zeugenverhör geschlossen war. Natürlich nahm man es auch mit den Zeugen nicht mehr so genau, es wurden nunmehr auch Ohrenzeugen und Verbrecher zugelassen, Personen, welche bei einem andern gerichtlichen Act keine Glaubwürdigkeit hatten[4]). Die Ver-

---

[1]) Dass in Alexandrien kein anderer Kalender als in Palästina gewesen, hat Director Frankel längst nachgewiesen (Zeitschrift der d. morgenl. Gesellschaft Band 4 p. 102 ff.).

[2]) Auch Graetz (IV, p. 218) setzt, indem er sich auf die Leseart רבי בטל את המשואות (J. R. H. 2, 1) stützt, die Abschaffung der Bergfeuer durch R. Juda an; aber Frankel hat schon (Darke hamischnah p. 205 Note 6) darauf aufmerksam gemacht, dass diese Leseart falsch sei, weil sie mit der Mischnah 1, 3 in Widerspruch steht. Sie ist aber auch mit der Tosifta ר״ה c. 1 nicht zu vereinbaren. Hier heisst es על ששה חדשים השלוחין יוצאין רבי התקין שיהו יוצאין אף על אדר מפני פסח. Man ersieht hieraus, dass R. Juda das Institut der Sendboten bereits vorgefunden, und dass er nur Neuerungen in Bezug auf dasselbe eingeführt; möglich, dass er jene Bergfeuer, die in Gegenden, wo keine Samaritaner hausten, nach wie vor als Zeichen galten, abgeschafft. Vergl. J. Talmud l. c.

[3]) Maimuni Kiddusch hachodesch 3, 11—15.

[4]) Jer. Rosch hasch. 2, 1 [רבי בטל את המשואות] והתיר רואה והתיר עד מפי עד והתיר שיהו מעידין עליו מבערב בחזקת שנתקדש.

kündigung des Neumondes, bisher eine Hauptfunction des Patriarchen, liess R. Juda durch Stellvertreter vollziehen, und zwar nicht in der Synhedrialstadt, sondern zumeist in dem südlicher gelegenen Ain-Tab.[1]) Mag sein, dass die von ihm eingeführte Formel, vermittels welcher der Stellvertreter die Heiligung des Neumondes manifestirte, dazu bestimmt war, die Autorität des Patriarchen zu wahren. Ueberhaupt scheint das Studium der Astronomie an der Hochschule R. Juda's I. besondere Pflege gefunden zu haben. Wenigstens können die diesbezüglichen Aussprüche seiner hervorragendsten Jünger als Beweis dafür gelten, dass ihr Lehrer es nicht verfehlt, die Befähigteren zur Beschäftigung mit diesem an die Halacha streifenden Gegenstand anzuregen und aufzumuntern. So sagte der geistreiche Bar Kappara: „Wer seine Fähigkeit, die Tekufoth und den Planetenlauf (vielleicht hat es ursprünglich anstatt מזלות מולדות geheissen) astronomisch zu berechnen, nicht bethätigt, gegen den ist das Prophetenwort gerichtet: „Das Werk des Ewigen schauen sie nicht und seiner Hände Werk sehen sie nicht"[2]). Der strengere Rab wollte einen Solchen ganz ignorirt wissen, und der in der Astronomie einheimische R. Jochanan ging so weit, dass er dieses Studium als ein in der Schrift angedeutetes Gebot für Jedermann hinstellte[3]). Diese Worte documentiren zur Genüge die hohe Bedeutung, welche die Berechnung als Factor der Zeitbestimmung gewonnen. Und in der That trat auch nach dem Tode des Patriarchen die Nothwendigkeit der astronomischen Berechnung an die Männer des Kalenderrathes um so näher heran, als das Bedürfniss eines geregelten Kalenders sich mehr und mehr herausstellte und in Babylonien die Forderung einer stabilen Festordnung immer dringender wurde. So musste die nachträgliche Einsetzung des Neumondes mittels Zeugenaussage schon aus Rücksicht, die man auf die Diaspora zu nehmen hatte, gegen die auf mathematischer Genauigkeit beruhende

---

1) Rosch haschanah 25a: ר' חייא חזא לסיהרא דהוי קאי בצפרא דעשרים ותשעה וכו' אמר ליה רבי לר' חייא זיל לעין טב וקדשיה ושלח לי סימנא דוד מלך ישראל חי וקים, vergl. Tosaphoth zur Stelle. Dass Rabbi es mit der Neumondsbestimmung nicht so sehr genau genommen, beweist auch folgende nach vielen Seiten interessante Stelle Erachin 9b. מעשה ועשה רבי תשעה חסרים ונראה חדש בזמנו אמר לפני רבי שמעון בר רבי שמא שנה מעוברת היתה ועיבור שנה לי אשתמיט עשו שבעה מלאים דל תלתא לבתרי תלתא וקם לי בדיקא אמר לי נר ישראל בן הזה. Tosaphoth suchen dieses Factum durch die Daten unseres heutigen Kalenders zu beleuchten, als würde unsere Zeitrechnung auf der wahren Conjunction oder gar auf dem Augenblick des Sichtbarwerdens der Mondsichel beruhen.

2) Jesaias 5, 12.

3) Sabbath 75a.

Fixirung des Monatsanfangs zurücktreten. Wenn man sich aber trotz alledem gegen die Einführung eines constanten, d. h. auf der mittleren Berechnung fussenden Kalenders gesträubt, wenn die tonangebenden Männer Judäas die gänzliche Aufhebung der blos formellen Zeugenaussage dennoch perhorrescirt, so geschah es nicht, wie einige Hyperkritiker meinen, weil die Patriarchen ihre Macht bethätigen und die Diaspora in Abhängigkeit erhalten wollten, sondern einzig und allein aus dem Grunde, weil sie den Monatsanfang nicht zurückverlegen wollten. Hätten die erleuchteten Männer des Kalenderrathes die Gewissheit gehabt, dass es bei der astronomischen Berechnung, nicht der Conjunction, sondern des Sichtbarwerdens der Mondsichel, sein Bewenden haben werde, sie hätten sicherlich keinen Augenblick gezögert, die erzielten Endresultate zu veröffentlichen und das Zeugenverhör für immer aufzuheben. Weil sie aber die Ueberzeugung erfüllte, dass die streng astronomische Berechnung früher oder später die mittlere nach sich ziehen müsse, und dass hierdurch der durch das Gesetz wie durch Jahrhunderte geheiligte Monatsanfang verschoben würde, deshalb und nur deshalb allein wachten sie mit um so grösserer Peinlichkeit über die Principien, nach denen sie verfuhren, auf dass kein Unbefugter zu deren Kenntniss gelange. Nichtsdestoweniger liess man sich zu Concessionen herbei, um die Gemeinden der Gola einigermaassen zu beschwichtigen. So wurde wenigstens die Dauer des dem Passahfeste vorangehenden Monates ein für alle Mal festgestellt und Mar Ukba, dem Oberrichter in Kafri, die Weisung ertheilt אדר הסמך לניסן לעולם חסר[1]), so dass man in ganz Babylonien den ersten Tag des Passahfestes wissen konnte. Die Gola jedoch beruhigte sich hierbei keineswegs; durch die Ungewissheit über die hohen Festtage wurde das Verlangen nach einem geregelten Kalender immer dringender, bis selbst Mar Samuel Jarchinai, die Autorität Babyloniens, nicht umhin konnte, der allgemeinen Forderung Ausdruck zu geben, und sicherlich wäre der constante Kalender schon um diese Zeit eingeführt worden, hätten nicht energische Männer in Judäa die Zügel in der Hand gehabt. Dass Samuel ursprünglich nicht blos die Befugniss der im Kalenderrathe üblichen astronomischen Berechnungsweise für sich beanspruchte, geht aus der Controverse, die er mit Aba, dem Vater des R. Simlai, gehabt, unzweideutig hervor. Als Samuel nämlich, der sich rühmen konnte die Planetenbahnen so genau wie die Strassen seiner Vaterstadt Nehardea zu kennen, öffentlich die Erklärung abgab,

---

[1]) Rosch haschanah 19b.

er sei im Stande der ganzen Gola einen geregelten Kalender zu geben, wurde ihm von Aba bedeutet, dass er wohl nur eine auf der mittleren Berechnung fussende Festordnung einzuführen vermöge, und dass eine solche sich mit der in Judäa eingehaltenen keineswegs vertrage. „Weisst Du denn die zwischen der Conjunction und dem Sichtbarwerden liegende Zeit genau zu bestimmen"?[1] war die Frage, die Aba an ihn richtete, „um einen Kalender nach der in Judäa üblichen Weise anlegen zu können," und als Samuel mit Nein antwortete, gab ihm sein Gegner unumwunden zu verstehen, dass seine so hoch gerühmten astronomischen Kenntnisse noch lange nicht ausreichen, den Kalenderrath in Judäa umgehen zu können. Samuel, auf das Widerspruchsvolle seines Vorhabens aufmerksam gemacht,

---

[1] Die Worte (Rosch haschana 20 b.) דע כי ראו מילתא רבתי בסוד העבור נולד קודם חצות ש נולד אחר חצות dürfen nicht wörtlich genommen werden, weil wir doch annehmen müssen, dass der astronomisch gebildete Samuel den Unterschied einer früheren und späteren Conjunction in Bezug auf die Erscheinung wohl gekannt; was er zu wissen vermeinte, kann unmöglich der Molad zaken gewesen sein; ebensowenig kann man ernstlich behaupten, Samuel habe wohl Bescheid gewusst und es nur verschmäht Aba Rede zu stehen. Die Stelle ist übrigens eine der dunkelsten, und so Viele es auch unternommen sie zu beleuchten, sind wir doch immer noch im Unklaren über den eigentlichen Sinn dieser lapidarischen Worte. Wir wollen hier die verschiedenen Erklärungen zusammenstellen. Die alten Chronologen sind sämmtlich der Ansicht, dass die Meridiane der Conjunction und des Sichtbarwerdens streng zu sondern seien, nur über die Distanz derselben gehen sie weit auseinander. Mar Hassan, dem auch Abr. hanasi beipflichtet, geht von der Ansicht aus, dass die Zeit zwischen dem Molad und der חצות zum mindesten 18 Stunden betrage und dass demnach die Conjunction nach dem äussersten Osten, die Erscheinung der Mondsichel nach dem äussersten Westen berechnet wurde. R. Serachjah halevi nimmt für den Meridian des Sichtbarwerdens den äussersten Osten, für den des Molad den Mittelpunkt der Hemisphäre an, doch liegen, da der Tag unter letzterem Meridian seinen Anfang nimmt, zwischen den zwei genannten Grenzen immerhin 18 Stunden. Israeli hält den טבור הארץ für den Meridian der Conjunction und אמצע הארץ für den der חצות, und wenn auch diese Grenzen nur 1h 642ch auseinander liegen, so, meint er, hat das nichts zu sagen, weil ja die wahre Conjunction 14 St. 648ch vor der mittleren eintritt und demnach der Mond noch am selben Tage 1/3 Stunde nach Sonnenuntergang gesehen werden konnte. Am allerwenigsten lässt sich die zweite Ansicht mit den im Talmud geltend gemachten Momenten vereinbaren; auch ist nicht abzusehen, auf welche Weise man nach dem בגלל המאור Rosch chodesch jemals בזמנו heiligen konnte; denn bis die Zeugen nach Jerusalem gelangten, war ja schon der 30. Tag längst vorbei. In neuester Zeit hat Slonimski diese Stelle in einer recht originellen Weise erklärt, nur dass er bei seiner Auffassung den Molad Jach als im Talmud nicht begründet hinstellen muss. Slonimski meint nämlich, dass חצות gar nicht Mittag, sondern Mitternacht bedeute, und dass demnach die Meridiane der Conjunction und des Sichtbarwerdens zusammenfallen. (Vgl. hamagid 1864 p. 166 und auch Pinilos's Widerlegung ibid.)

schlug nun einen anderen Weg ein, seinem Heimathslande die Unabhängigkeit zu erwirken; er liess sich die Mühe nicht verdriessen, einen auf der wahren Bewegung des Mondes wie der Sonne fussenden Kalender für 60 Jahre zu verfertigen, und diesen sandte er an R. Jochanan, um der Autorität Judäa's die Ueberzeugung beizubringen, dass man in Babylonien die Sendboten in Wirklichkeit missen könnte [1]. Dass dieser Kalender Samuel's nicht, wie Krochmal [2]) meint, unser constanter gewesen, ist schon durch den Umstand; dass er auf 60 Jahre angelegt war, widerlegt. Wozu brauchte Samuel, wenn er von der mittleren Conjunction ausgegangen, mehr als 19 Jahre zu berechnen? Wie konnte Samuel, nachdem er durch den Vater des R. Simlai auf das Widerspruchsvolle seines Vorhabens aufmerksam gemacht wurde, R. Jochanan zumuthen, dass er die Einführung eines Kalenders billigen werde, der von einem ganz andern Monatsanfang ausgeht? Samuel konnte nichts anderes als die Freigebung der wahren astronomischen Berechnung beanspruchen, er hatte keine andere Absicht als den einflussreichen R. Jochanan für sein Vorhaben dadurch zu gewinnen, dass er ihm ad oculos demonstriren zu können glaubte, wie seine Zeitrechnung mit den im Kalenderrathe herrschenden Principien übereinstimme. Doch die seinem Kalender zu Grunde liegenden Daten wurden in Judäa nicht für genau befunden, R. Jochanan waren sie zu allgemein gehalten, was er auch mit den Worten חושבנא בעלמא andeuten wollte. Worin aber mag die Ungenauigkeit der Samuel'schen Berechnung gelegen haben? Wäre die Boraitha des Samuel nicht apokryph, so könnten wir wohl die Differenzen mit Bestimmtheit angeben; aber diese Boraitha kann schon aus dem einfachen Grunde nicht von Samuel herrühren, weil die Länge des synodischen Monates כט׳ יב׳ וב׳ ידות שעה mit der Dauer des Samuel'schen Jahres

---

[1]) Dass man Samnel diesen Versuch in Judäa sehr verübelte, geht aus der Stelle j. Ketuboth II. p. 26 nach der Auffassung Krochmal's (Chalus 3, 141 ff.) und Grätz's (IV. 479.) unzweideutig hervor. „Die zwei Töchter Samnel's seien aus keinem andern Grunde so jung gestorben אלא מן חטאת חנינא בן אחי ר׳ יהושע שעבר את השנה בחוצה לארץ: nicht in ihrer, sondern in ihres Vaters Schuld haben sie so frühzeitig den Tod gefunden; weil ihr Vater dieselbe Sünde begangen wie Chanina, der Neffe R. Josua's, der dem Patriarchenhause wie dem judäischen Synhedrin eine wichtige Prärogative entreissen wollte." Man sieht also, dass Samnel in Wirklichkeit die Einführung eines selbstständigen Kalenders intendirte, und dass man in Judäa den R. Jochanan übermittelten Kalender Samuel's nicht als eine blosse Rechenprobe betrachtet hat, sondern als Mittel, die Selbstständigkeit der Gola zu erwirken.

[2]) Chalus III., 142, 148.

nicht zu vereinbaren ist; denn bedenkt man, dass die Conjunction das Resultat zweier verschiedenen Bewegungen ist, und dass die kleinere oder grössere Geschwindigkeit der Sonne auch beim Molad zur Geltung kommt, so müsste die Monatsdauer des Samuel'schen Kalenders nur um eine Geringfügigkeit kleiner als כט׳ יב׳ תשצג sein. Doch wollen wir uns nicht auf solch minutiöse Untersuchungen einlassen und nur die Tekupha, wie sie Samuel selbst[1]) angiebt, näher ins Auge fassen. Das Samuel'sche Jahr von 365,25 Tagen lässt, wie wir weiter unten[2]) zeigen werden, keinen Ausgleich der verschiedenen Jahresformen zu, es müsste denn sein, dass man die mittlere Länge des synodischen Monates um 6ch grösser annimmt. Dieser Umstand und die feststehende Thatsache[3]), dass man im Kalenderrathe die Länge כט׳ יב׳ תשצג als endgültiges Resultat betrachtete, lassen uns keinen Zweifel darüber, dass man in Judäa das Samuel'sche Jahr zu lang befunden. Wie gross die Differenz gewesen, wollte der s. Piniles[4]) durch folgenden Passus feststellen: רב אמר סטורנליא לפני תקופה שמונה ימים קלנדא לאחר תקופה ח׳ימים אמר ר׳ יוחנן פרוקטו ראשה של תקופה. Rab's Ansicht gegenüber, dass die Saturnalien acht Tage vor der Tekuphath Tebeth beginnen, behauptet R. Jochanan, dass sie 2 Tage (πρόχθες) vor der Tekupha ihren Anfang nehmen. Und wenn wir die Tekuphath Nisan vom Jahre 4010 berechnen, so finden wir, dass sie am 26. März, 5d 8h 173ch nach dem Molad Nisan, der auf den 20. März 21h 907ch fiel, gewesen; ziehen wir von dieser Tekupha 91d 7,5h ab, so war die Tekuphath Tebeth (דשט״אל) 4009 am 25. December. Die Tekuphath Nisan des R. Adda war 9h 642ch vor dem Molad, also war auch die Tekuphath Tebeth am 19. December, d. h. um 6 Tage früher. So wäre

---

[1]) Erubin 66a.

[2]) Vgl. im zweiten Theil den Abschnitt über die Tekuphoth.

[3]) Die geringe Bedeutung, welche man der Zeugenaussage beilegte, ist der beste Beweis dafür, dass man sich auf das Untrügliche der Berechnung stützte. Hätte man noch nicht die Gewissheit darüber erlangt, dass die Länge des synodischen Monates ganz genau sei, so hätte man dem Zeugenverhör bedeutend grössere Aufmerksamkeit geschenkt. Wenn man aber trotz alledem behauptet, dass der Talmud nichts von כט״יב תשצג wisse, so übersieht man, dass Rabina (Erachin 9b) die Frage האידנא כמה הוולדו אין aufwirft. Auch sind Diejenigen, welche meinen, dass Rabina nur תשצ״ב gekannt, im Irrthum, denn selbst dann stimmt die Rechnung nicht, weil ja in 30 Jahren zum mindesten 10 Schaltmonate vorkommen. Rabina nahm blos eine runde Zahl an.

[4]) דרכה של תורה p. 147—150. Jer. Aboda Sara 1, 2. Dass diese Lesart die richtige ist, geht sowohl aus der Parallelstelle im Babli als auch aus der Stelle im Jer. selbst deutlich hervor. Dass פרוקטו eher πρόχθες als τροπικός heisse, leuchtet wohl Jedermann ein.

denn nach Piniles bewiesen, dass R. Jochanan die Tekupha des R. Adda gekannt und dass er sie im Kalenderrathe, in welchem er seit der frühesten Jugend gesessen[1]), in Wirklichkeit verwerthet. Wir kommen auf die Tekupha R. Adda's weiter unten nochmals zurück, hier wollen wir nur noch bemerken, dass auch der Ausspruch Samuel ben Nachman's שנה שיצאו ישראל ממצרים היו שין חדש חמה לחדש לבנה[2]) darauf hinweist, dass man die Tekupha des R. Adda, nach welcher im 16. Jahre des Cyklus die Tekuphath Nisan gerade auf den ersten Passatag fällt, lange vor der Einführung unseres constanten Kalenders gekannt hatte.

Unter R. Jochanan, der aller Wahrscheinlichkeit nach eine hervorragende Stellung im Kalenderrath einnahm, ging die Prävalenz der astronomischen Berechnung vor der Beobachtung so weit, dass man kein Bedenken trug, die Zeugen einzuschüchtern[3]), um sie zu einer mit dem gewonnenen Resultate übereinstimmenden Aussage zu veranlassen[4]), und dies ist ebenfalls ein Beweis, dass man den Tag des Sichtbarwerdens im Voraus berechnete, und dass man nachträglich, wenn auch die Beobachtung widersprechend ausfiel, schon aus Rücksicht auf die Diaspora die ihr notificirten Feiertage nicht abändern mochte. Nach dem Tode R. Jochanan's war es R. Eleasar ben Padath, der die Einführung des constanten Kalenders hintertrieb. Obgleich ein Jünger Samuel's[5]), sträubte er sich doch gegen die von seinem Lehrer angestrebte Neuerung. Mag sein, dass er, durch die Erfahrung im Kalenderrathe belehrt, die Wünsche Baby-

1) Jer. Rosch hasch. תבור נכנס ר' יוחנן והוא זה הקטן שבכולם אמרו לו אמור הדי השנה מקודשת בעיבורה. אמר הדי שנה מקודשת בעיבורה אמר ר' יוחנן ראה לכן שלמדנו בן הפחה א"ל אמר בעיבורה היית אומר א"ל יום שהחמה עומדת של הלבנה בכל שנה אלא בעיבורה שהוסיפו לה חכמים ל' יום ועיבורה.

2) Jalkut Exod. § 191.

3) ר"ה p. 20a.

4) Maimonides stellt die Sache in ein ganz anderes Licht; nach ihm handelt es sich im Talmud gar nicht um die Berücksichtigung oder Nichtbeachtung der Zeugenaussage zu Anfang des Monats, sondern lediglich darum, ob die Zeugen nachträglich die Beschlüsse des Synhedrin umzustossen vermögen oder nicht. Ferner glaubt Maimonides die ganze Debatte über die Einschüchterung auf die festlosen Monate und für Nisan und Tischri nur auf den Fall beschränken zu können, dass die Zeugen nach der ersten Hälfte des Monats vor Gericht erscheinen, so dass nach seiner Auffassung die astronomische Berechnung vor der Aussage glaubwürdiger Zeugen in den Hintergrund treten musste. Kid. hach. III. Diese Auffassung muss aber um so mehr befremden, als ja nach Maimuni selbst die nachträgliche Zeugenaussage am 31. Tage nicht von Belang ist, und als doch die ganze Debatte im Talmud durch die Frage, wie man zu Gunsten der Babylonier Elul vollzählig machen durfte, eingeleitet wird. Vergl. J. Landau in seinem Commentar zu Beza p. 16.

5) Vergl. Frankel מבוא p. 112b.

loniens in einem ganz anderen Lichte erblickte; die Freude, die er bei seiner Aufnahme in den Sod haibbur empfunden, und die Art und Weise, wie er dieser Ausdruck gegeben, lassen es erkennen, dass ihm die mathematische Genauigkeit der Berechnung imponirte. Auch scheint er den Bibelvers Ezech. 13, 9 gegen jene gedeutet zu haben, die, auf ihr astronomisches Wissen pochend, die Abschaffung des zweiten Feiertages forderten. Später scheint jedoch die Ansicht im Kalenderrathe durchgedrungen zu sein, dass man den Gemeinden der Gola den Kalender des laufenden Jahres recht frühzeitig zukommen lassen müsse. Wir glauben zu der Annahme, dass das Institut der Sendboten mannigfache Verbesserungen erfahren, umsomehr berechtigt zu sein, als es doch eine ausgemachte Thatsache ist, dass man von dieser Zeit an in Babylonien den Kalender viel genauer kannte. Bei einem näheren Eingehen auf die Talmudstellen, wo die Worte אנן ידעינן בקביעא דירחא vorkommen, ergiebt sich, dass man über den wahren Monatsanfang nicht mehr im Zweifel gewesen; und dies kann nicht etwa, wie R. Tam[1]) behauptet, nur von jenen Orten gelten, in welche die Sendboten gewöhnlich zu kommen pflegten, denn dann giebt ja die Frage מאי טעמא עבדינן תרי יומי gar keinen Sinn. Und zugegeben, dass bei günstiger Jahreszeit die Sendboten selbst nach der äussersten Grenze kommen konnten, so ist nicht abzusehen, wie man eine solch wichtige Forderung auf Ausnahmefälle basiren konnte. In diesem Falle hätte man wahrlich nicht auf die Warnung Eleasar's ben Padath's hinweisen müssen, sondern einfach darauf aufmerksam machen können, dass die Abschaffung des zweiten Festtages aus dem Grunde unstatthaft sei, weil man keine Gewähr für die Dauer der günstigen Umstände habe. Uns will es vielmehr bedünken, dass der Kalenderrath in Judäa die Festordnung schon viel früher als sonst berechnet und die Resultate noch im Monate Elul der Gola auf geeignete Weise bekannt gemacht. Bei der Einführung dieser Reform hat es R. Eleasar jedoch nicht verfehlt, den Babyloniern auf die Seele zu binden, הזהרו במנהג אבותיכם בידכם זמנין דגזרה מלכות גזרה וכו׳ dass sie den zweiten Feiertag beibehalten mögen, weil man doch befürchten müsse, dass die Communication zwischen Judäa und Babylonien durch Feindes Hand gestört werden und die alte Ungenauigkeit wieder Platz greifen könnte.

Und diese Vorsicht und Besorgniss waren auch in der That begründet, denn nach nicht langer Zeit konnte man selbst die Inter-

---

1) Pesachim 51b. Tosphoth s. v. כאן. Allerdings heisst es in Sukka 43b אנן לא ידעינן בקביעא דירחא, aber die ganze Stelle spricht für eine spätere Zeit, in welcher die Verbindung zwischen Judäa und Babylonien nur eine schwache war.

calation in Folge des schweren Druckes, der auf Judäa lastete, nur auf Umwegen zur allgemeinen Kenntniss bringen. Jenes dunkle Sendschreiben [1]), welches das judäische Synhedrin an Raba, das damalige Schulhaupt in Mechusa, gerichtet, um ihm die schon im Monat Ab vorgenommene Intercalation anzuzeigen, bekundet es zur Genüge, dass die Häscher mit Argusaugen über die gesetzestreuen Juden gewacht und dass die Verbindung zwischen dem Stammlande und der Diaspora unterbrochen gewesen. In dieser traurigen Zeit mag es vorgekommen sein, dass einige allzu strenge Männer in Folge der noch nie vorgekommenen Ungewissheit über die Festordnung es als Pflicht erachteten, selbst den Versöhnungstag doppelt zu feiern [2]). Sicherlich war man nicht blos um einen Tag schwankend, sondern in Folge der gänzlichen Abgeschlossenheit von Judäa völlig im Unklaren. So drängten denn die Leiden unter Constantius, dessen Verfolgungsedicte die hadrianischen noch weit übertrafen, zu Entschlüssen, gegen die man sich fast ein ganzes Jahrhundert mit aller Kraft gewehrt. Das Synhedrin sah sich nunmehr veranlasst, den dichten Schleier, der über die Geheimnisse des Kalenderrathes gebreitet war, zu lüften, und Raba die Regel mitzutheilen: „Wenn du merkst, dass die Tekuphath Tebeth sich bis zum 16. Nisan erstreckt, so trage kein Bedenken, die Intercalation auf eigene Hand vorzunehmen“ [3]). Natürlich konnte man hierbei nicht stehen bleiben, man musste Raba auch die Länge des tropischen Jahres, wie sie im Sod haibbur festgestellt wurde, mittheilen, wenn er sich nach der gegebenen Regel richten sollte. Dieselbe Absicht, von welcher unsere selbstlosen Vorfahren bei der Verheimlichung der astronomischen Principien sich leiten liessen, dieselbe Absicht hat ihnen auch das Geheimniss der Berechnung abgerungen. Die Einheit des Judenthums, die ihnen über Alles ging, drängte sie zu einer That, gegen welche religiöse Bedenken vorlagen, und sie scheuten sich nicht, eine

---

1) Synhedrin 12a.

2) Rosch hasch. 21a.

3) Rosch hasch. l. c. In den Pirke des R. Elieser heisst es gegen Ende des 8. Capitels: אם נכנסה התקופה מעשרים יום של חדש טבת למטה מעברין את השנה מעשרים יום של חדש טבת ולמעלה אין מעברין את השנה. Dieser Passus ist ein unwiderlegbarer Beweis dafür, dass man schon um diese Zeit zwei Tekuphoth gekannt; für die Samuel'sche war der 22. Nisan, für die Adda'sche der 16. die äusserste Grenze; aber merkwürdiger Weise blieb diese Stelle in den Pirke des R. Elieser ganz unbeachtet, und selbst Tosaphoth glauben, dass letztere Grenze der ihnen bekannten תקופה שמואל gelte. Zugleich zeigen aber auch die beregten Worte aus den Pirke d. R. Elieser, dass man über die Ungenauigkeit des Samuel'schen Jahres durchaus nicht in Zweifel gewesen.

Reform einzuführen, die das Wohl und das Heil des Judenthums dringend forderten. Die Einführung eines constanten Kalenders ward nun ein unabweisbares Bedürfniss; sollten die Gemeinden der Gola zu gleicher Zeit mit Judäa die Feste — das einzige Bindemittel zwischen den getrennten Gliedern des jüdischen Volkes — feiern, so blieb nichts anderes übrig, als den Kalender ein für allemal festzustellen. Man sann auf Mittel, die das religiöse Gewissen, das sich gegen eine die ganze Festordnung alterirende Neuerung sträubte, zu beruhigen, man sann — und fand die Dechijoth. Auf welche Weise man hierdurch die Bedenken gehoben, das hoffen wir im zweiten Theile unserer Arbeit ins klare Licht zu stellen. Hier wollen wir noch erwähnen, dass der j. Talmud die Dechijoth unseres Kalenders kennt[1]). R. José II., der Zeitgenosse Hillel's II., sagt es ausdrücklich, dass Purim weder auf Montag noch auf Sonnabend fallen könne, weil sonst Jom kippur Sonntag und Freitag sein müsste. — Der constante Kalender wurde kurz vor dem Tode dieses Amoräers, der ziemlich alt geworden zu sein scheint[2]), von R. Hillel II. 359 eingeführt[3]). R. José hatte noch den Alexandrinern, bei denen er als Autorität in hohen Ehren stand, den Kalender übermittelt und ihnen, wie einst R. Eleasar ben Padath den Babyloniern, die Mahnung ertheilt, an dem zweiten Festtag, der seit R. Jochanan's Zeit allgemein gefeiert wurde, für immer festzuhalten. Wir halten fest an der Ansicht, dass Hillel II. den constanten Kalender, und zwar als ein auf der Tekupha des R. Adda bar Ahaba beruhendes Ganzes eingeführt, und wir werden auch diese Ansicht zu begründen suchen, nachdem wir die über unsern Kalender aufgestellten verschiedenen Hypothesen kennen gelernt haben.

Kaum dürfte es ein Zweites in unserer Geschichte geben, worüber die Ansichten so weit aus einander gehen, wie über unsern Kalender. Der Grund hiervon liegt in dem bedauernswerthen Umstande, dass die Talmuden die Reform Hillel's mit Stillschweigen übergehen und den grossen Unterschied zwischen unserem heutigen und ehe-

---

1) j. Megillah 1, 2, Sukka 4, 1.

2) Vergl. Frankel מבוא p. 101, R. José hat seinen Freund R. Jona lange überlebt; dass er im Kalenderrathe heimisch gewesen, geht aus mehreren Stellen hervor. Die Einführung des constanten Kalenders fällt in die letzten Lebensjahre R. José's, denn aus j. Berachoth 4, 7 ist zu ersehen, dass man zu seiner Zeit die Einsetzung des Neumondes auch in der alten hergebrachten Weise vorgenommen.

3) R. Hai Gaon bei Abraham hanasi l. c. p. 97 חכמי ישראל .... עד ימי הלל בר' יהודה בשנת תרע לשטרות שמאותה שנה לא הקדימו ולא אחרו אלא אחזו בחשבון זה אשר הי' בידם.

maligen Kalender mit keinem Worte erwähnen. Dieses Stillschweigen wurde nun auch verschieden gedeutet und verwerthet, so dass die Einen dem Kalender ein biblisches Alter vindicirten, während die Anderen ihn für eine der nachtalmudischen Epoche entstammte Neuerung hielten. Saadjah Gaon[1]) und nach ihm Chananel ben Chuschiel[2]), Männer, deren Verdienste um das Judenthum durch nichts geschmälert werden können, liessen sich von ihrem Eifer, mit welchem sie die rabbinischen Institutionen vertheidigten, soweit hinreissen, dass sie sich zu der Behauptung verstiegen: der constante Kalender sei eine Schöpfung Mosis, die Einsetzung des Neumondes vermittels Zeugenaussage sei erst eingeführt worden, als die Reibungen zwischen Pharisäern und Sadducäern überhand genommen, und auch seit dieser Zeit sei die heute übliche mittlere Berechnung vorwiegend und massgebend geblieben. Wir dürfen die Widerlegung dieser Behauptung füglich übergehen; Maimuni[3]), Ibn Esra[4]) und Israeli[5]) haben dieselbe nach Verdienst gewürdigt und aus der Mischnah und dem Talmud das Unhaltbare dieser Ansicht nachgewiesen, und ebenso ist von dem Karäer Eliah hadassi[6]) und von Asarjah de Rossi[7]) der Beweis erbracht worden, dass man in der biblischen Epoche die Dechijoth nicht gekannt. Eine zweite Ansicht vertreten Maimuni[8]) und Ibn Esra[9]); sie halten dafür, dass die Theorie des constanten Kalenders eine sinaitische Ueberlieferung für den Fall sei, dass die Einsetzung des Neumondes durch Beobachtung nicht mehr möglich ist.[10]) Nach Maimuni's

---

1) Abr. hanas. l. c. 50. Israeli 4, 6.

2) Hechal ben Ascher zu Exod. 12, 2, Obadjah, Commentar zu Kid. hach. 7,7.

3) Mischnah-Commentar zu R. haschanah c. II, Menachoth 11, 7.

4) Commentar zu Lev. 23, 3.

5) 4, p. 9.

6) Eschkol hakofer § 185.

7) Masref lekesef p. 69. Aus Esra 7, 7—10, 8, 15. 31—33 geht deutlich hervor, dass פסח nur בד״ו gewesen. Die Exulanten traten am 1. Nisan ihre Reise an, am 12. desselben Monats brachen sie vom Strome Ahawa, wo sie 8 Tage geruht, auf, am 1. Ab kamen sie in Jerusalem an und am 4. desselben Monats übergaben sie das mitgebrachte Gold und Silber. Der erste Nisan oder der 1. Tag פסח war nicht am שבת, sonst hätten sie nicht die Reise antreten können, am Sonntag nicht, denn dann fiele der 1. Ab auf Sonnabend und sie müssten am שבת nach Jerusalem gekommen sein, am Dienstag nicht, denn in diesem Falle wären sie am שבת vom אהוא aufgebrochen, am Donnerstag nicht, weil sonst der 4. Ab auf Sonnabend fiele, demnach kann ט׳ באב und ebenso Pesach nur an einem der Tage בד״ו gewesen sein.

8) Kid. hachodesch cap. 5.

9) Lewit. 23, 3.

10) Sefer hamizwoth § 153.

Dafürhalten ist der Kalender zur Zeit Abaji's und Raba's eingeführt worden [1]). Dieser Behauptung tritt Nachmanides [2]) mit der Bemerkung entgegen, dass der constante Kalender unmöglich eine הלכה למ״מ sein könne, weil ja im Talmud nirgends seiner Erwähnung geschieht. Derselben Ansicht sind Serachjah halevi [3]) und Israeli [4]), nur dass sie in Bezug auf die Zeit der Einführung des Kalenders weit auseinander gehen. Nach Nachmanides wäre Hillel II. ein Sohn Rabbi's, nach Serachjah halevi R. Juda's II. gewesen. Bei Israeli finden wir zwei widersprechende Angaben über die Einführung des constanten Kalenders, das eine Mal [5]) bezeichnet er hierfür das Jahr 4260, und das andere Mal wieder, wenn auch nicht ausdrücklich, so doch andeutend, das Jahr 359 d. g. Z. Asarjah de Rossi acceptirt die letzte Angabe aber nur aus dem Grunde als die richtige, weil sie mit denen älterer Autoren übereinstimmt, sonst würde er aber der ersten schon deshalb den Vorzug geben, weil dann die Nichterwähnung des Kalenders im Talmud begründet wäre [6]). So gingen die Ansichten über den Kalender schon seit der frühesten Zeit auseinander; später, als die Chronologen die Dissonanz unseres Molads mit der astronomischen mittleren Conjunction wahrnahmen, gerieth man auch über den Meridian, nach welchem der ganze Kalender angelegt ward, in

1) De Rossi bestreitet die hergebrachte Interpretation der Worte Maimuni's l. c. הלכה למשה היא שבזמן ראשון סנהדרין קובעין על פי הראיה ובזמן שאין סנהדרין קובעין עם החשבון שאנו מחשבין בו היום. Nach seinem Dafürhalten beziehen sich die Worte הלמ״ nur auf den ersten Theil des Satzes. Maimuni habe nur sagen wollen, dass es zur Zeit des Synhedrin geboten war, die wahre Conjunction zum Ausgangspunkte der Berechnung zu machen; heute aber dürfen wir uns wohl nach der mittleren Bewegung der Sonne und des Mondes richten, keineswegs aber ist dieses Verfahren auf eine sinaitische Tradition zurückzuführen. (Masref lekesef p. 69.)

2) In seinem hasagoth zu ספר המצות § 153.

3) In seinem Commentar zu Rosch haschan. Ende cap. I.

4) Jesod Olam 4, 6 .... רק כי בראשונה בשני בית קים היו הקדוש ישבים על אדמתם שני שבבה מאד השלם בקידש מסוף ימי חכמי התלמוד וזה היה בזמן ארבעת אלפים ורים שנה לבנין העולם.

5) l. c. 4, 9. מקדשים את החדשים וקובעים את המועדים עם ראית הלבנה . . . עד ה״ד במי״ג מאות שנה אחר החרבן תקבצו אחכמי ישאל וראשי אבות והקדים שהיו בדור האחרון הסכימו על שנה נבחרה השיחה.

6) Meor Enajim c. 29 und 40. De Rossi, der die wissenschaftlichen Untersuchungen über die Genesis des Kalenders angebahnt, neigt sich übrigens der Ansicht zu, dass die Begründer des Kalenders nur die Tekupha des Samuel gekannt; und wenn er sich nicht offen und ganz für dieselbe erklärt, geschieht es nur aus dem Grunde, weil ihm die Schaltordnung (גוח״אדזט) unerklärlich bliebe. Vergl. Ende des 40. Cap.

Zweifel, man schob ihn immer mehr nach Osten zurück[1]), bis man endlich in unserer Zeit, durch die grossen Differenzen unseres Kalenders aufmerksam gemacht, auf Grundlage astronomischer Untersuchungen zu dem Resultat gelangte, dass die dem Kalender zu Grunde liegende Tekupha des R. Adda aus dem 10. Jahrhundert datire. Der Vertreter dieser kühnen Ansicht ist Herr Ch. S. Slonimski. In einer Reihe von originellen und geistreichen Arbeiten[2]) hat Slonimski eine Hypothese aufgestellt, deren wesentliche Momente wir im Folgenden zusammenstellen. Die Hauptprincipien des auf der Samuel'schen Tekupha beruhenden Kalenders sind dem Almagest entlehnt; sowohl die mittlere Monatslänge als auch die Epochen unserer Moledoth uod Tekuphoth — בהר״ד und ו׳ ט׳ תרמ״ב — sind nichts anderes als den Ptolemäischen astron. Tabellen entlehnte, resp. auf den Jerusalemer Meridian reducirte Daten. Die Länge des synodischen Monates fand man durch Verwandlung der von Ptolemäus angegebenen Sexistimaltheile in gewöhnliche Brüche, und dies ist der eigentliche Grund für חת״ף. Der Molad Bharad ergab sich durch Berechnung der zwischen der Epoche des Ptolemäus, Molad Nisan 747 v. Ch. und dem Anfang unserer Aera liegenden Mondmonate zu 29d 12h 793ch, und ebenso wurde auch die erste Samuel'sche Tekupha dadurch festgestellt, dass man von der mittleren Länge der Sonne in der Ptolemäischen Epoche ausgehend, die Jahre zu 365d 6h rückwärts berechnete. Wenn aber Samuel die Länge des tropischen Jahres nicht wie Ptolemäus zu 365d 5h 55' 12" angenommen, so geschah es nur aus dem Grunde, weil er das Jahr in vier gleiche Theile theilend, um die Verschiebung der Tekuphoth sich umsoweniger kümmerte, als er doch voraussah, dass die Tekaphoth abwechselnd und fortschreitend mit den Solstitien und

---

[1]) Schon Maimonides scheint der Ansicht gewesen zu sein, dass unser Kalender nicht nach dem Jerus. Merid. eingerichtet sei. Wenn man nämlich vermittelst der in Kid. hach. c. 11. ff. gegebenen Epoche die astronomische Conjunction berechnet, so findet man, dass dieselbe schon zu Maim. Zeit um 1h 17' vor dem Molad gewesen. Diese Differenz, die Maimonides mit keinem Worte erwähnt, konnte er sich nur durch eine Verlegung des Meridians erklären. Vergl. Jes. Olam 4, 7; ferner die verschiedenen Ansichten bei De Rossi. Mazref lekesef p. 49—54.

[2]) Vergl. Toldoth hascham. p. 59—64. Kerem chemed V. seinen Briefwechsel mit Reggio, ibid IX. seinen Briefwechsel mit Pinles, hajonah. p. 1—17, sein Jesode haibbur, Hamagid v. 1863/64 und Monatschr. 1864, p. 183 ff. Wir übergehen hier den unerquicklichen Streit Slonimski's mit Piniles in Bezug auf die Verwerthung der Laplace'schen Formel. Dass der s. Pinles im Rechte gewesen, ist evident, aber er ist zu oft auf diesen Punkt, der doch am Ende unwesentlich war, zurückgekommen und hat dadurch die wissenschaftliche Behandlung des Gegenstandes beeinträchtigt.

Nachtgleichen zusammentreffen werden. Unerklärlich bleibt nur die recipirte Schaltordnung Guchadsat; denn wenn man sich auch über die Abweichung der Tekuphath Tischri von den im Talmud [1]) angegebenen Schaltregeln hinwegsetzt, weil diese vorgeblich für unsere Zeit keine Geltung haben, so ist doch immerhin die im 18. Jahre des Cyklus auf den 18. Nisan fallende Tekupha keineswegs mit dem talmudischen Princip בר חיה רמשכחת תקופה טבת עד שתסר בניסן עברה לההא שתא zu vereinbaren. Trotz alledem verwirft Slonimski die von den späteren Chronologen aufgestellte Ansicht, dass unserem Kalender die Adda'sche Tekupha zu Grunde liege, weil nach seinem Dafürhalten die sogenannte Tekupha des R. Adda bar Ahaba aus der ersten Hälfte des 10. Jahrhunderts datirt. Weder in den Talmuden und Midraschim, noch bei den alten Chronologen, wie Saadjah, Hai, Donolo, ist eine Spur dieser Tekupha zu finden, auch ist ihr Träger ר׳ אדא בר אהבה nirgends beim Kalenderwesen erwähnt, ferner verträgt sich nicht mit dieser Ansicht der seit der talmudischen Zeit geübte Brauch der שאלה טל ומטר [2]) und ברכת החמה [3]) und, was am gewichtigsten in die Wagschale fällt, widerspricht ihr schliesslich der Umstand, dass die Adda'sche Tekupha zur Zeit der Kalenderreform drei Tage vor den mittleren Nachtgleichen und Solstitien gewesen. Die Chronologen des 10. Jahrhunderts erst fanden, dass der Molad Nisan am Anfang des Cyklus nach der albatanischen genauern Beobachtung um 9h 642ch vor dem Molad eintrat, und dass in Folge der völligen Ausgleichung der verschiedenen Jahresformen innerhalb des Cyklus die Schaltordnung dem talmudischen Princip nicht, wie man bisher geglaubt, widerspreche, sondern vielmehr ganz genau mit ihm übereinstimme. Diese frappante Uebereinstimmung führte sie auf die Vermuthung, dass man den Kalender auf diese Länge des Jahres gegründet und so entstand die Losung תקופת שמואל בפרס׳ ותקופת ר׳אדא בצנעה. Der Name dieser neuen Tekupha ist auf eine abweichende Leseart der Alten zurückzuführen. Nicht R. Huna sondern R. Adda bar Abin, heisst es bei ihnen [4]), habe das Princip vom 16. Nisan aufgestellt, und gewiss hat man ursprünglich unter Adda'scher Tekupha nichts anderes als die dem Adda'schen Princip entsprechende Tekupha verstanden; später erst setzte man die Worte בר אהבה hinzu, und so entstand das Missverständniss, dass der Zeitgenosse Samuel's ר׳אדא בר אהבה, der bekannte und im Talmud oft genannte Amoräer diese Tekupha er-

[1]) Synhedrin 12. [2]) Taanith 10. [3]) Beracboth 53.
[4]) Obadjah zu Kid. hach. 10 und in dem Sachs'schen Manuscript des Jesod Olam.

funden, während in Wirklichkeit der eigentliche Erfinder derselben R. Hassan hadajan ist, der, wie wir aus seinem bei Israeli[1]) citirten Werke ersehen, zum ersten Male die Uebereinstimmung der Schaltordnung mit dem talmudischen Princip durch eigene Beobachtug wie durch die astronomischen Tabellen Albatani's entdeckte. Diese Hypothese Slominski's hat aber auch ihre Widerlegung gefunden durch den s. H. M. Piniles[2]). Wir lassen hier die Hypothese des Letzteren in ihren Grundzügen folgen. Piniles stimmt mit Slonimski darin überein, dass weder die Tekupha noch der Name des R. Adda beim Kalenderwesen im Talmud vorkomme, aber dies sei doch kein Argument a silentio; denn die Nichterwähnung des Kalenders und seiner Principien im Talmud ist durch den Umstand begründet, dass unsere Vorfahren, die 34 Jahre nach dem Nicäer Concil den Kalender geregelt, darauf Bedacht genommen, dass kein Fremder und Unbefugter in seine Principien eingeweiht werde. Die Begründer des Kalenders glaubten das frühere Geheimthun beibehalten zu müssen, um den durch die geregelte Festordnung bekundeten Vorzug des Judenthums vor dem Christenthum zu wahren[3]). Der constante Kalender ist unbedingt auf die Tekupha des R. Adda basirt, weil nicht anzunehmen ist, dass man die Tekupha des Samuel mit ihrem Cyklus-Ueberschuss von 1h 485ch zur Grundlage einer auf die Dauer festgestellten Zeitrechnung genommen. Warum hätte man gerade bei der Einführung des constanten Kalenders weniger vorsichtig sein sollen, als zur Zeit, da es sich blos um eine einmalige Intercalation gehandelt! Die Tekupha des R. Adda, die nicht von ר׳ אדא בר אהבה, sondern von einem Chronologen gleichen Namens herrührt, war wie aus den Worten Isak b. Baruch's bei Abr. hanasi[4]) hervorgeht, sehr lange vor R. Hassan schon bekannt. Auf die Leseart des Obadjah könne man sich gar nicht verlassen, denn es gab keinen

[1]) Jesod Olam 4, 14.

[2]) Kerem Chemed VIII u. IX, hamagid 1863/64, Kohak's Jeschurun 1857/58 p. 15—22 und דרכה של תורה p. 211—262. Piniles hat bald nach Veröffentlichung des Slonimski-Reggio'schen Briefwechsels seine Bedenken geäussert, aber merkwürdiger Weise sind seine Briefe erst 4 Jahre später im Kerem Chemed veröffentlicht worden.

[3]) דרכה של תורה p. 211.

[4]) Sefer haibbur p. 94 ראיתי בספר אחד מספרי הקדמונים ששאלו [illegible] מה אמרו תקופת ר׳ אדא במסכת תאמר לי שכל מה שיהיו בשלם [illegible] במולד ובתקופה. Hieraus ersieht man, dass die תקופה zum Mindesten 1—2 Jahre vor Hassan gekannt war; überhaupt ist dadurch, dass Saadjah und Hai von ihr nichts wissen, noch gar nichts bewiesen, denn לא ראינו אינו ראיה.

Amoräer Ada bar Abin; ein einziges Mal[1]) kommt dieser Name vor, aber aus der Parallelstelle[2]) geht hervor, dass es auch dort Idi b. A. heissen müsse; dieser kann aber die kalendarische Regel nicht aufgestellt haben, weil er kein Palästinenser gewesen. Die Tekupha des R. Adda war auch, wie Obadjah[3]) und Abr. hanasi[4]) berichten, in einer Boraitha aufgeschrieben, und kann schon aus diesem Grunde keine Erfindung des 10. Jahrhunderts sein. Was aber das astronomische Moment betrifft, ist die Differenz in der Zeit bei der Annahme, dass die wahre Tekupha dem Kalender zu Grunde liegt, gar nicht vorhanden. Nur bei der Conjunction habe man der mittleren Bewegung den Vorzug gegeben, weil der Mond zu viel Störungen erleidet, als dass man den wahren Molad so leicht berechnen könnte, bei der Tekupha jedoch, wo es stets auf die Jahreszeit ankam, konnten die Begründer des Kalenders es umsomehr bei der wahren Bewegung der Sonne bewenden lassen, als doch nach ihrer Annahme die Gleichung der Sonnenbahn eine unveränderliche Grösse ist. Im Jahre 497 war die wahre Tekufath Nisan genau 9h 642ch vor dem Molad und im Jahre 364 ungefähr 5h nach demselben, man kann demnach, wenn man von den Begründern des Kalenders nicht allzugrosse Genauigkeit fordert, die Ansicht, dass der feste Kalender um diese Zeit eingeführt wurde, festhalten.

Wir haben die zwei Hypothesen unmittelbar auf einander folgen lassen, um die Einwürfe gegen Slonimski's Behauptungen nicht wiederholen zu müssen. Seine Ansicht ist aus zwei Gründen unhaltbar, ein Mal weil es unerklärlich bleibt, dass die Begründer des Kalenders nur die mittlere Länge des Monates und nicht auch die des tropischen Jahres dem Ptolemäus entlehnt, und zweitens weil die von der Meton'schen abweichende Schaltordnung unseres Cyklus — und diese ist uralt — keine blos zufällige sein kann. Aber auch die Hypothese Pinile's beruht auf Voraussetzungen, die wir bestreiten müssen. Pinile neigt sich der Ansicht zu, dass der Kalender 497 eingeführt worden sei, weil er annimmt, dass der Träger dieser Tekupha nicht R. Adda bar Ahaba, sondern nur ein späterer Chronologe sein könne, und weil ihm die wahre Tekuphath Nisan 497 mehr als die d. J. 364 zusagt. Aber sowohl der berühmte Talmudist, als auch

---

1) Keritoth 21a.
2) Joma 74b. Jebamoth 25a. Pesachim 101b. Baba batra 33a. Gittin 80a. Chulin 97b.
3) Kid. hachod c. 10.
4) Sefer haibbur p. 87.

der Mathematiker Piniles hat zwei Momente übersehen. Der Name R. Adda bar Ahaba kommt wohl beim Kalenderwesen, und zwar Erachin 9b vor. Er ist es, der die kühne Ansicht ausspricht, dass die Einsetzung des Neumondes nicht geradezu auf Beobachtung beruhen müsse [1]). Was das astronomische Moment betrifft, bedauern wir, sowohl Slonimski als auch Piniles einer Ungenauigkeit zeihen zu müssen [2]). Beide betrachten das tropische Jahr als eine constante Grösse und legen ihren Berechnungen die jetzige Länge desselben zu Grunde. Dem ist aber nicht so; das tropische Jahr war 359 um 10″ 26‴ grösser als zu Anfang unseres Jahrhunderts. Wir müssen demnach die zwischen 365d 5h 48′ 50″ 49‴ und 365d 5h 49′ 1″ 15‴ in der Mitte liegende Länge der Adda'schen Tekupha gegenüberstellen. Das Adda'sche Jahr ist um 6′ 29″ 24‴ grösser und wenn wir diesen Ueberschuss für die seit 359 verflossene Zeit berechnen, so finden wir, dass die Differenz der astronomischen und Adda'schen Tekupha 6d 19h 32′ 52″ 48‴ betragen müsste. Die wahre Tekuphath Nisan 5632 wird in Jerusalem am 20. März Morgens 9 Uhr 46′ 37″, die Adda'sche Tekupha am 26. März Nachmittags um 2 Uhr 32′ 24″ 44‴ beobachtet werden. Die Differenz beträgt mithin 6d 4h 45′ 47″ 44‴, also 14h 47′ 5″ 4‴ weniger als sie betragen müsste. Erwägt man jedoch, dass vor 1512 Jahren die wahre Tekupha noch viel früher vor der mittleren eintrat, als es heute der Fall ist und dass unseren Vorfahren keine ausreichende Mittel zu Gebote gestanden, um genaue Beobachtungen anzustellen, so wird man wohl die Möglichkeit, dass unser Kalender mit der תקופה ר' אדא 359 eingeführt werden konnte, zugeben müssen. Diese Möglichkeit wird aber zur grossen Wahrscheinlichkeit durch die Spuren, die auf das Vorhandensein der Adda'schen Tekupha lange vor der Einführung des Kalenders hinweisen [3]) und durch die genaue Uebereinstimmung unserer Schaltordnung mit dem talmudischen Princip vom 16. Nisan. Die Thatsache, dass die Adda'sche Tekupha im Talmud nicht genannt wird, kann ebensowenig ein Beweis für deren späteren Ursprung sein, wie die Nichterwähnung des Kalenders für dessen nachtalmudische Ent-

---

[1]) Vergl. Kiduschin 72; in Erachin 9b ist die richtige Leseart אמר ר' אדא בר אהבה לרב.

[2]) Slonimski ist übrigens auch in seinen Berechnungen sehr ungenau; so giebt er, um ein Beispiel anzuführen, die Differenz der Adda'schen Tekupha mit der mittleren astronomischen in Toldoth haschamajim p. 61b 4d 2h 32′ an und 3 Jahre später (כרם חמד V, 106) wieder 3d 23h 35′ während sie doch grösser sein müsste. Aber auch 4d 2h 32′ ist nicht richtig, denn die Differenz ist grösser noch als 4d 3h.

[3]) Vergl. oben p. 33, 34 und p. 36, Note 3.

stehung. Dass die mittlere Berechnung von Hillel II. eingeführt worden ist, beweisen die Dechijoth unwiderleglich. Bei einer Zeitrechnung, die sich nach der wahren Bewegung der Sonne und des Mondes richtet, lässt sich nie und nimmer der Wochentag des Monatsdatum ein für allemal bestimmen. Dieser Beweis ist so stark, dass ihn auch Gegenbeweise, wie man sie im Talmud zu finden glaubte [1]), nicht zu widerlegen vermögen. Das Bedürfniss eines festen Kalenders war, wie wir gesehen haben, nicht von gestern; man sah in Judäa die Zeit, in welcher man zu diesem Mittel greifen müsse, allmälig herankommen und man traf auch Vorbereitungen, um nicht an die Stelle der nunmehr unhaltbaren Zeitrechnung eine regellose, wirre Festordnung treten zu lassen. Wir werden vielleicht nie die Gründe erforschen, welche unsere Vorfahren bei der Verheimlichung selbst der Principien des constanten Kalenders leiteten, aber deshalb dürfen wir nicht der Ansicht Raum gewähren, dass Nichts zu verheimlichen gewesen und dass der Kalender nach Abschluss des Talmuds eingeführt worden sei. Die sogenannten Beweise a silentio aus dem Talmud sind ebensowenig stichhaltig wie die Hypothesen Slonimski's und Piniles's, welche, so geistreich sie auch sind, schon an der Nichtbeachtung der Veränderlichkeit des tropischen Sonnenjahres scheitern müssen. Wir halten fest an der Tradition bei R. Hai, weil uns nichts davon abbringen kann, dass man zu Ende der letzten Epoche die mittlere Länge des synodischen Monates genau gekannt. Durch diese ward man wahrscheinlich auf die Länge des tropischen Jahres geführt; den Molad Bharad zu berechnen, gab ihnen die erste beste Sonnenfinsterniss Gelegenheit und ebenso wurde ט' תרמ"ב, als Epoche für die Adda'sche Tekupha durch unmittelbare Beobachtung festgestellt. Die Epoche ו'ט' תרמ"ב ist nach unserem Dafürhalten von

---

[1]) Oppenheim will aus dem Talmud den Nachweis liefern, dass die späteren Amoräer den constanten Kalender nicht gekannt. Die Hauptstellen sind Beza 22b und 6a. An erster Stelle ist eine Debatte zwischen Amemar und R. Aschi, ob am 2. Tage des Neujahrsfestes erlaubt sei die Augen zu schminken. Amemar erlaubt es, nicht wie Oppenheim meint, weil Elul damals mangelhaft gewesen, sondern weil er die Ansicht der Nehardäer acceptirt, die ihre Erleichterung dadurch begründen, dass Elul nie vollzählig gewesen. Ueberall, wo diese Ansicht citirt wird, folgt ihr auch die Begründung und es kann leicht möglich sein — was aber anzunehmen gar nicht nöthig ist — dass die Worte p. 22b ein späterer Zusatz sind. Was das Erub Tabschilin, das Rabina zu machen vergessen, betrifft, ist die Stelle von J. Landau in seinem Commentar zu Beza nach ihrer ganzen Bedeutung gewürdigt und in's klare Licht gestellt worden, was Oppenheim gegen Grätz einzuwenden hatte, ist in der zweiten Auflage des 4. Bandes, wenn auch stillschweigend, widerlegt worden. (Monatsschrift 1856, 1857.)

der Adda'schen auf die Samuel'sche Tekupha, die zur Zeit der Kalenderreform um ungefähr 8 Tage differirte, übertragen worden. Die Schaltordnung Guchadsat war durch die Epoche und durch das Princip vom 16. Nisan von selbst gegeben. Diese Principien also: ד״ט תרמ״ב גח אד״ט, בהר״ד und כ״ט י״ב תשצ״ג reichten aus, um ein abgerundetes System zu erzeugen; es kamen jedoch die Dechijoth hinzu, um dieses neue System der früheren Zeitrechnung näher zu bringen. Wie nun der constante Kalender aus diesen Principien zu einem einheitlichen Ganzen geworden, möge das System des jüdischen Kalenders zeigen.

II.

System des jüdischen Kalenders.

Das Princip, welches der jüdischen Zeitrechnung seit ihrer ersten Phase zu Grunde liegt, die Ausgleichung der Mondmonate mit dem Sonnenjahr, hat in unserem constanten Kalender, soweit es zur Zeit seiner Einführung vermöge der unseren Vorfahren zugänglichen astronomischen Wissenschaft möglich war, seine höchste Vervollkommnung erhalten und, indem es durch alle Consequenzen zur Geltung gelangte, ein in sich geschlossenes, abgerundetes System erzeugt. Der unterscheidende Charakter dieses systematisch geordneten Kalenders liegt darin, dass während in der ersten Epoche die Beobachtung allein massgebend war, während in der zweiten und dritten Beobachtung und Berechnung zusammenwirkten und bald mehr, bald weniger voreinander prävalirten, nunmehr die Berechnung einzig und allein in Anwendung gebracht wird, wie dies durch die Gleichmässigkeit und durch die systematische Anordnung der Zeiträume bedingt ist. Dass diese Berechnung nur der mittleren Bewegung der Sonne und des Mondes gilt, braucht nicht erst betont zu werden, weil es ja im Wesen des constanten Kalenders liegt, dass er den wahren, d. h. ungleichmässigen Lauf der betreffenden Himmelskörper unmittelbar nicht berücksichtigen kann. Wie nun die Grösse des freien Mondjahres von der mittleren Länge des synodischen Monates abhängt, so wird das gebundene Mondjahr einerseits vom synodischen Monat und andererseits vom tropischen Jahr begrenzt und bestimmt. Demgemäss muss nun auch die Ausgleichung der zwei verschiedenen Jahresformen nach Maassgabe des zwischen ihnen obwaltenden Unterschiedes vorgenommen werden. Nach diesem Gesichtspunkte zerfällt die systematische Darstellung des jüdischen Kalenders in drei Theile, in denen wir 1) den synodischen Monat, 2) das tropische Jahr und 3) den Schaltcyklus besprechen.

I. Der synodische Monat.

So lange der Monatsanfang durch Zeugenaussage, d. h. durch Beobachtung, festgesetzt wurde, konnte von keiner streng begrenzten Länge des Monates die Rede sein, und zwar aus zwei Gründen, ein Mal, weil die wahre Conjunction von der elliptischen, ungleichmässigen Bewegung der Sonne und des Mondes abhängt, und zweitens, weil das Sichtbarwerden der Mondsichel in der Abenddämmerung sich nach der jedesmaligen Lage der Ekliptik gegen den Horizont richtet, so dass die Zeit sowohl zwischen den zwei nächsten Conjunctionen als auch zwischen zwei aufeinander folgenden Erscheinungen des Neumondes bald länger, bald kürzer ist. Erst als sich das unabweisbare Bedürfniss eines festen, von jedweder Beobachtung unabhängigen Kalenders herausstellte, da galt es vor Allem, die mittlere Länge dieser Zeit aufs genaueste zu bestimmen. Auf welche Weise man die mittlere Länge des synodischen Monates eruirte [1]), kommt hier nicht in Betracht; uns genügt die Thatsache, dass sie 29d 12h 44′ 3″ 20‴, oder nach der Zeiteintheilung unserer Alten, bei denen die Stunde 1080 (תת״ף) [2]) Chalakim (à 76 Regaim) hat, כ״ט י״ב תשצ״ג beträgt. Der jüdische Monat hat demnach, da er nur aus ganzen Tagen bestehen kann [3]), entweder 29 oder 30 Tage, und nach dieser Zahl seiner Tage wird er mangelhaft oder vollzählig genannt (μῆνες

[1]) Kennt man die Dauer des periodischen Monates und zugleich auch die des Sonnenjahres, so bestimmt man den synodischen Monat auf folgende Weise. Der Mond legt täglich $\frac{360^\circ}{27{,}32166}$ 18°,18 die Sonne $\frac{360^\circ}{365{,}24}$ 0°,98 in der Ekliptik zurück, demnach ist die Geschwindigkeit des Mondes in Relation zur Sonne 13°,18 — 0°,98 12°,20; mithin hat der synodische Monat $\frac{360^\circ}{12{,}20}$ 29,53 Tage.

[2]) Diese Stundentheile erklären die jüdischen Chronologen auf verschiedene Weise. Abr. hanasi l. c. p. 37, berechnet die bei den Alexandrinern üblichen Sexistimaltheile, die, auf einen gemeinschaftlichen Nenner gebracht, 1080 geben. Gelegentlich wollen wir auf eine Ungenauigkeit aufmerksam machen. Abraham bar Chijah citirt die Berechnungsweise des Ptolemäus und giebt mit ihm die Länge des synodischen Monates = 29d 31′ 50″ 8‴ 9IV 20V an, während כפי הראשונים 29d 31′ 50″ 8‴ 20IV gleich ist. Maimuni (Kid. hach. 6,2) findet den erklärenden Grund dieses Nenners in seiner Theilbarkeit durch die Zahlen 2, 3, 4, 5, 6, 8, 9 und 10. Im ספר עבורונות p. 2 finden wir folgende Erklärung: Die Söhne Isachar's haben auf Grund langjähriger Beobachtung die Länge des synodischen Monates empirisch berechnet. Ursprünglich nahmen sie den Monat zu 29 Tagen an, nach 2 Monaten zeigte sich die Mondsichel um 24 Stunden später; nach 3 Jahren zeigte sich eine Differenz von einem Tag, nach 30 Jahren von einer und nach 2160 Monaten wieder von einer Stunde, so dass sie aus diesen Bruchtheilen $\frac{9}{3} + \frac{1}{15} + \frac{1}{1080} = \frac{793}{1080}$ berechneten.

[3]) ימים אינה מונה.

κοῖλοι καὶ πλήρεις). Dieser Charakter des Monates wird seit frühester Zeit[1]) durch die Anzahl der auf ihn folgenden Neumondstage ausgedrückt, so dass nach einem mangelhaften ein, nach einem vollzähligen zwei Neumondstage eingesetzt werden. Die Zählungsweise der Tage leidet hierbei keineswegs, insofern der Monat immer mit dem zweiten Neumondstage beginnt. Ohne der Darstellung vorzugreifen und uns hier schon auf die verschiedenen Jahresformen einzulassen, wollen wir darauf hinweisen, wie es in der Natur der Sache begründet ist, dass das aus 12 Monaten bestehende Gemein- und das aus 13 Monaten zusammengesetzte Schaltjahr bald länger, bald kürzer sein müssen, jenachdem die Stundentheile mehr oder weniger als einen ganzen Tag ausmachen. Vor der Hand jedoch haben wir uns nur um die mittlere Länge zu kümmern, und diese beträgt beim Gemeinjahr 12 × (29d 12h 793ch) = 354d 8h 876ch, beim Schaltjahr 13 × (29d 12h 793ch) = 383d 21h 589ch und beim Schaltcyklus, der, wie wir weiter unten sehen werden, aus 235 Monaten besteht, 6939d 16h 595ch.

Dieses Wenige setzt uns ausreichend in den Stand, den Molad oder die Conjunction aufs genaueste zu bestimmen; denn da nun einmal die Länge des synodischen Monates eine unwandelbar gleichmässige ist, so brauchen wir nur, wenn uns eine Conjunction gegeben ist, die seither verflossenen Monate mit כט' יב' תשצג zu multipliciren, um die Zeit der in Frage stehenden Conjunction mit der grössten Präcision angeben zu können. Auf diesem Wege erfahren wir jedoch mehr als wir forderten, insofern wir nicht blos den Augenblick der Conjunction bestimmt, sondern auch die innerhalb gewisser Grenzen liegenden Tage, Stunden u. s. w. gezählt haben. Da es uns nun um deren Anzahl nicht zu thun ist, so vereinfacht sich das Verfahren, indem wir nicht die ganze Länge des synodischen Monates, sondern nur den Ueberschuss von Tagen, Stunden und Chalakim über die darin enthaltenen Wochen als Factor einsetzen. Ist es doch einleuchtend, dass — wie alle Conjunctionen auf denselben Augenblick fallen müssten, wenn die Länge des synodischen Monates 28 Tage betrüge, so auch jetzt, da diese 29d 12h 793ch ist — jeder Molad um 1d 12h 793ch später eintrifft als der ihm unmittelbar vorhergehende. Wie wir diesen Ueberschuss beim synodischen Monat durch eine einfache Division gefunden, so findet man auch die Ueberschüsse des Gemein- und Schaltjahres wie des Schaltcyklus, indem man die Summe ihrer Tage durch 7 dividirt. Diese Ueberschüsse

[1]) Vergl. oben p. 10.

haben die Chronologen ganz treffend Charaktere genannt und, indem sie die Zahlen durch hebräische Buchstaben ausgedrückt, ihnen zugleich ihren Werth bezeichnende Namen gegeben. So ist der Charakter des synod. Monates Ajab Taschzag, א׳י״ב תשצ״ג, des Gemeinjahres Dach Tatu, ד׳ח׳ תתע״ו, des Schaltjahres Hecha takpat, ה׳כ״א תקפ״ט und des Schaltcyklus B'ju takzah, ב׳י״ו תקצ״ה¹). Die Epoche, welche die Begründer des constanten Kalenders zum Behuf der Molad-Berechnung eingeführt und die sie naturgemäss an die Weltaera geknüpft, ist der Molad der Schöpfung, welcher an einem Montag Abends 11 Uhr 11' 20" gewesen. Dieser Molad wird wie alle anderen nach der hergebrachten Weise, den Tag — welcher um 6 Uhr Abends beginnt — die Stunden und Chalakim durch Zahlenbuchstaben auszudrücken, der Molad B'harad genannt²) (ב׳ה׳ר״ד Molad Tohu). Vermittelst dieser Epoche und des Moladcharakters des synod. Monates können wir durch eine einfache Multiplication jedwede Conjunction berechnen, so wir nur die Anzahl der seither verflossenen Monate kennen. Da es jedoch nicht zweckmässig ist, eine allzugrosse Summe von Monaten als Factor einzusetzen, so empfiehlt sich folgendes abgekürzte Verfahren. Man addire zum Molad B'harad, den wir **o** nennen wollen, den Charakter der bereits abgelaufenen Schaltcykeln, Schalt- und Gemeinjahre, wie auch der Monate des laufenden Jahres; deren Summe giebt uns den verlangten Molad. Bezeichnen wir nun diese verschiedenen Charaktere durch Buchstaben, und zwar den des Schaltcyklus durch **c**, des Schaltjahres durch **s**, des Gemein-

¹) Erwägt man jedoch dass diese Ueberschüsse eigentlich eine Differenz bezeichnen (7d—1d 12h 793ch), so können die Molad-Charaktere auch durch andere Zahlen ausgedrückt werden, natürlich werden sie alsdann als wirkliche Differenzen das Minuszeichen haben. So ist der Charakter des synodischen Monates — 5d 11h 287ch, des Gemeinjahres — 2d 15h 204ch, des Schaltjahres — 1d 2h 491ch und des Schaltcyklus — 4d 7h 485ch, doch bedient man sich dieser negativen Charaktere viel seltener. Vergl. weiter unten den Schaltcyklus.

²) Neben diesem Molad bringen die Schriftsteller, welche sich der „anni mundi judaici" bedienen, noch zwei andere Epochen in Anwendung. Einige setzen dafür das Schöpfungsjahr Adam's an und indem sie dieses mit dem Neumonde des Tischri, am Freitag nach der 14. Stunde (8 Uhr Morgens) eintreten lassen, bedienen sie sich der Formel Wejad ו׳י״ד. Andere nehmen das Jahr nach der Schöpfung als Epoche an, weil sie das Schöpfungsjahr als Grenzpunkt = 0 betrachten und gebrauchen als Bezeichnung für ihre Epoche die Formel Gekablatu ג׳ כ״ב תתע״ו Dienstag Nachmittag 4 Uhr 48' 40"; die bei uns übliche Formel B'harad ist die Bezeichnung für eine Epoche, bei welcher die dem Schöpfungstage Adam's vorhergehenden fünf Tage proleptisch als ein Jahr gezählt werden, das Montag Abends 11h 11' 20" beginnt. Auf diese Verschiedenheit der Epochen ist die bei den Chronologen zuweilen vorkommende Divergenz der Schöpfungsjahre zurückzuführen.

jahres durch g und des Monates durch m, so haben wir für die Moladberechnung folgende Formel:

$$M = o + xc + ys + zg + um.$$

Man sieht, dass es sich um eine einfache Division der Weltära durch 19 handelt, um die bereits verflossenen ganzen Cykeln und Jahre zu erfahren. Beides erreicht man sehr leicht durch die hier beigefügte Tafel a, die ich ad hoc construirt habe[1]). Die Division 400: 19 hat 21 zum Quotienten und 1 zum Reste, demnach wird (A—400): 19 einen um 1 kleinern Rest und (A—n 400): 19 eine um n kleinere Zahl als A : 19 zum Reste haben. Man ziehe also von der gegebenen Zahl das nfache von 400 ab; die rechts neben diesem grössten Vielfachen von 400 unter ν stehende Zahl bezeichnet die verflossenen Cykeln; den Rest gebe man zu der unter α stehenden Zahl hinzu, dividire deren Summe durch 19 und addire den Quotienten zu den Schaltcykeln; der Rest bezeichnet die verflossenen Jahre im laufenden Cyklus, aus welchen man mit Leichtem die Schaltjahre erkennt.

Taf. a.

α		ν
1	400	21
2	800	42
3	1200	63
4	1600	84
5	2000	105
6	2400	120
7	2800	147
8	3200	168
9	3600	189
10	4000	210
11	4400	231
12	4800	252
13	5200	273
14	5600	294
15	6000	315
16	6400	336
17	6800	357
18	7200	378
19	7600	399
20	8000	420
21	8400	441

Suchen wir nun beispielsweise den Molad Tischri 5632. Es sind 5631 Jahre verflossen; subtrahiren wir von dieser Zahl das grösste Vielfache von 400. 5631 — 14 × 400 = 31, addiren wir zu diesem Rest die unter α stehende Zahl 14, so erhalten wir 45, dividiren wir diese Summe durch 19, so erhalten wir 2 zum Quotienten und 7 zum Rest; die 2 addiren wir zu der neben 5600 rechts stehenden Zahl, 294 + 2, so haben wir die verflossenen Schaltcykeln; der Rest bezeichnet die verflossenen Jahre des laufenden Cyklus, von denen zwei Schaltjahre waren. Unsere Formel[2]) wird also sein

[1]) Um Missverständnissen vorzubeugen, will ich hier bemerken, dass dieser Tafel die des Prof. Nesselman (vergl. Crelle Journal für Mathematik. Bd. 28. p. 82 f.) zu Grunde liegt; ich habe nur die Berechnungsweise der Schaltcykeln hinzugefügt.

[2]) Wir werden im Verlaufe unserer Darstellung die Gelegenheit ergreifen, für die Moladberechnung sowohl eine algebraische Formel als auch zweckmässige Tabellen zu geben. Hier wollen wir nur einer Berechnungsweise, der wir bei Abr. bar Chijja (l. c. 47) begegnen, kurz gedenken. Man mache die verflossenen Jahre alle zu Gemeinjahren und aus diesen 90jährige Cykeln, diese multiplicire man mit 1d 1b; dann dividire man die Jahre, die keinen solchen Cyklus ausmachen durch 2, den Quotienten multiplicire man mit 1d, den Rest mit 4d, hierauf dividire man die-

$$M = o + 296c + 2s + 5g = 5d\ 23h\ 442ch.$$

Der Neumond des Jahres 5632 fällt also auf Donnerstag Nachmittag 5 Uhr 24′ 33″ 20‴. Und wenn wir es schon nicht wüssten, so müsste uns die Erfahrung belehren, dass mit der Conjunction allein der Neujahrstag noch immer nicht gegeben ist, denn wie die Praxis uns gezeigt, traf Neujahr 2 Tage später als der Molad Tischri. Wir sehen also, dass Rosch haschanah zuweilen auf den morgenden oder gar zweitfolgenden Tag verschoben werden kann.

Die Dechijoth

oder Vertagungsfälle, welche in das Wesen unseres Kalenders so tief eingreifen, verdienen umsomehr Aufmerksamkeit und Ausführlichkeit, als man sie doch selbst in der neuesten Zeit, die unseren Kalender in erfreulicher Weise zum Gegenstande wissenschaftlicher Untersuchungen gemacht, nicht zur Genüge zu erklären vermochte. Wir wollen aber, bevor wir auf die mannigfach verschiedenen Ansichten prüfend eingehen, die Verhinderungsfälle selbst aufzählen und, soweit es die Nothwendigkeit erheischt, erläutern. Der erste Verhinderungsfall findet statt, so oft die Conjunction sich nach 17h 1079ch ereignet, d. h. der Neujahrstag wird, so oft der Molad von Mittag ab eintritt, auf den morgenden Tag verschoben. Diese Dechijah ist unter dem Namen Molad Jach oder Molad saken, veralteter Molad, bekannt. Die zweite Vertagung besteht darin, dass das jüdische Neujahr mit Sonntag, Mittwoch und Freitag nicht beginnen kann; diese Regel gilt auch dann, wenn die Conjunction am Sonnabend, Dienstag und Donnerstag von Mittag ab gewesen, d. h. die Dechijah Adu gilt auch dann, wenn der Molad Jach hinzukommt. Der dritte Verhinderungsfall greift Platz in einem auf ein Gemeinjahr folgenden Gemeinjahr, wenn der Molad Tischri in der Nacht auf Dienstag von 3 Uhr 11′ 20″ ab sich ereignet. Rosch haschanah wird auf Donnerstag verlegt, weil in widrigem Falle das Jahr 356 Tage hätte. Diese Vertagung führt den Namen Gatrad גטרד. Die vierte und seltenste Dechijah ereignet sich in einem Gemeinjahr, dem ein

selben Jahre durch 3, nehme für den Quotienten 1d, für den Rest 8h als Factor, ferner dividire man die Jahre durch 30, multiplicire den Quotienten mit 1d, den Rest mit 864ch, schliesslich nehme man 12ch für jedes Jahr und addire diese Posten zu Bharad, so wird die Summe den verlangten Molad geben. 5631 Jahre sind 5806 Gemeinjahre, 10 Monate

5806 Gemeinjahre, 10 Monate . . . . Bharad	=	2d	5h	204ch
64 Cyklen zu 90 Jahren und 43 Rest wie angegeben	=	107d	10h	918ch
für 10 Monate		1d	7h	370ch
Molad Tischri 5632	=	5d	23h	442ch

Schaltjahr vorausging, wenn die Conjunction Montag Vormittag von 9 Uhr 32′ 43″ 20‴ ab eintritt. Diese letzte Vertagung wird durch das vorhergehende Schaltjahr bedingt, das, unterbliebe die Verschiebung, nur 382 zählen würde. Man sieht demnach, dass sowohl diese Dechijah, welche den Namen Betutakpat führt, als auch die Dechijah Gatrad unmittelbare Folge der zwei ersten Dechijoth ist. Um nun die vielen weit auseinander gehenden Erklärungsgründe der Dechijoth würdigen zu können, müssen wir sie in eine gewisse Ordnung zu bringen versuchen, indem wir uns bei dieser Eintheilung von den Principien leiten lassen, welche die verschiedenen Chronologen im Auge gehabt. Geht man auf diese Principien näher ein, so findet man, dass die verschiedenartigen Begründungen sich auf drei zurückführen lassen. Die erste geht von der Ansicht aus, dass die Dechijoth in der früheren Zeitrechnung, bei welcher die unmittelbare Beobachtung der Mondphasen massgebend war, respective im Talmud wurzeln; die zweite Begründungsweise stützt sich einzig und allein auf astronomische Momente, die dritte steht insofern zwischen den ersten beiden in der Mitte, als sie zum Theil astronomische, zum Theil traditionelle Gründe geltend macht. Die Vertreter der ersten Ansicht berufen sich vorzüglich auf zwei Talmudstellen, und zwar den Molad Jach bezüglich auf die Worte des R. Seira מחשבין את הולדתו נולד קודם חצות בידוע שנראה סמוך לשקיעת החמה. לא נולד קודם חצות בידוע שלא נראה סמוך לשקיעת החמה, denn so mannigfach verschieden diese Worte aufgefasst werden[1]), so kommen doch Mar Hassan, Isak ben Baruch, Abr. Hannasi, Kusari, Serachjah halevi und Israeli darin überein, dass חצות Mittag bedeute und dass die Dechijah wegen Jach mit der zur Zeit der Beobachtung üblich gewesenen identisch sei[2]). Wir kommen bald hierauf zurück, wollen jedoch hier schon auf einen Punkt aufmerksam machen, der diesen erleuchteten Männern entgangen zu sein scheint. Es lässt sich keineswegs bestreiten, dass unser Molad Jach mit dem früheren Molad saken eine gewisse Aehnlichkeit hat, aber man kann doch nicht übersehen, dass während wir wegen Jach Neujahr auf einen Tag verschieben, in alter Zeit erst der zweitfolgende Tag nach der

[1]) Vergl. oben Seite 31, Note.

[2]) Vergl. J. S. Lavadeur's kritische Beleuchtung des jüdischen Kalenderwesens p. 2—8 und Orient 1850 p. 339, 340. Scaliger führt den Molad Jach auf den astronomischen Brauch zurück, den Tag zur Mittagszeit beginnen zu lassen: derselben Ansicht scheint auch Slominski zu sein. Doch ist nicht abzusehen, warum die Begründer des Kalonders zwei Tagesanfänge angenommen hätten. Vergl hamagid 1864 p. 358, 365 und oben die Noto p. 31.

auf Mittag fallenden Conjunction geheiligt wurde. In Bezug auf die Dechijah Adu führen sie Ulla[1]) als Gewährsmann an, der die Babylonier auf die ihnen wohlwollende Concession eines vollzähligen Elulmonates aufmerksam gemacht, und indem sie die im Talmud geltend gemachten Sanitätsgründe משום ירקא וכותחא auf die Zubereitung der Speisen im Allgemeinen ausdehnen, stellen sie diese Dechijah geradezu als eine talmudisch begründete hin. Der Hauptvertreter der zweiten Ansicht ist Maimuni. Auch Alfasi und Ascheri scheinen die Dechijoth als Folge der astronomischen Berechnung gehalten zu haben, insofern sie in ihren halachischen Werken die betreffenden Talmudstellen, als zur Jetztzeit unbedeutende, mit Stillschweigen übergehen. Maimuni[2]) findet in sämmtlichen Dechijoth das Bestreben, die mittlere Conjunction, die unserem Kalender zu Grunde liegt, mit der wahren in Einklang zu bringen. Der kundige Leser kennt die Einwürfe, die ihm von den verschiedensten Seiten, besonders von Abraham ben David, seinem Commentator Obadjah[3]) und von Israeli[4]) gemacht worden; aber die Begründung Maimuni's muss umsomehr befremden, als er ja selbst in seinen astronomischen Berechnungen gezeigt, dass das frühere oder spätere Eintreten der mittleren Conjunction von der mittleren Anomalie[5]) abhänge. Aber so befremdend seine Erklärung der Dechijoth auch ist, hat sie doch ihre Verfechter in den Vertretern der vermittelnden dritten Ansicht gefunden. Von diesen wollen wir nur Efodi und Asarjah de Rossi erwähnen. Efodi[6]), dem das astronomische Moment allein nicht genügt, findet die Vertagung Adu in dem Umstande begründet, dass man im 2. Jahre nach dem Auszuge aus Egypten, im 18. Jahre des Cyklus, Neujahr an einem Dienstag gefeiert, und so von Dienstag ausgehend jeden zweiten Tag als zum Jahresanfang ungeeignet ausgeschlossen. Die Dechijah selbst hat einen astronomischen Hintergrund, aber warum es gerade die Tage אד״ו und nicht בגה״ז sind, das kann nur historisch erklärt werden.

---

1) Vergl. Rosch haschanah 20a und Sukka 43.

2) l. c. 7, 5—8.

3) Zur Stelle.

4) l. c. 4, 9.

5) Kid. hach. c. 16, 13 ff. Vergl. weiter unten die astronom. Berechnung des Molads.

6) In seinem kalendarischen Werke חשב האפוד, das noch Manuscript ist. Die einschlägigen Stellen sind in De Rossi's מצרף לכסף ausführlich wiedergegeben. Vergl. die Dissertation meines Freundes S. Gronemann, De Profatii Durani vita ac studiis p. 18—25.

Dem gegenüber behauptet de Rossi[1]), dass neben dem astronomischen Momente gewiss auch die im Talmud geltend gemachten Gründe zur Genüge ausreichen, die Frage nach den Wochentagen, — die er übrigens eine müssige nennt — zu lösen, und er ist der Meinung, dass auch Maimuni דקא ומבריא als secundären Grund gelten gelassen[2]). In neuerer Zeit hat es der s. Luzzato versucht, dieses Thema zu beleuchten, und er glaubte auch in Wirklichkeit, die 15 Jahrhunderte hindurch unbegründet gebliebenen Dechijoth erklärt zu haben. Die zwei Verschiebungen Btutakpat und Gatrad, so philosophirt Luzzato, sind zur Vermeidung der allzugrossen Länge oder Kürze der Jahre unbedingt nothwendig; warum aber es nicht auch andere Fälle giebt, bei denen die Vertagung ein allzu langes ober kurzes Jahr zur Folge haben könnte, warum gerade Btutakpat und Gatrad eine besondere Vertagung erheischen, das hat kein einziger Chronologe zu erforschen gesucht. Luzzato will nun zeigen, wie gewissen Dechijoth manche Vertagungen vorhergehen und manch andere folgen müssen, um bald der Länge, bald der Kürze des Jahres vorzubeugen. So muss jedes Mal, wenn die Conjunction Tischri die Grenze 9h 876ch nicht überschreitet, der Molad des vergangenen Gemeinjahres nach 15h 204ch eingetreten sein; ist demnach der Molad Tischri des Jahres a Freitag, Mittwoch und Sonntag vor 9h 876ch, so war die Conjunction des Gemeinjahres a—1 am Sonntag, Freitag, Dienstag unbedingt nach 15h 204ch. Hätte man nun Rosch haschanah an diesen letzten Tagen gefeiert, so wäre das Jahr a—1 bei einer Dechijah des Rosch haschanah a von 356 Tagen. Es muss also auch im Jahre a—1 eine Vertagung Platz greifen, und man ersieht hieraus, dass der Sonntag, hätte man ihn nicht bereits für unzulässig erklärt, vorläufig von 15h 204ch ab unbrauchbar gewesen wäre. Wir wollen hier nur die Bemerkung einschieben, dass, wenn Sonntag von 0h—15h 204ch zum Neujahr zulässig ist, die Dechijah Gturad (גטורד), die in Gatrad implicite liegt, überflüssig wäre; denn mag immerhin der Molad Tischri des Jahres a—1 am Dienstag 15h 204ch eintreten, so braucht doch keine Vertagung Platz zu greifen,

[1]) מצרף לכסף p. 65.

[2]) Hier soll noch eines Abraham bar Jom Tob Jeruschalmi gedacht werden, der gegen das Jahr 1500 gelebt und Maimuni in den Regeln des Kalenders, die zu Ende des römischen Rituals (Bl. 454) gedruckt sind, zu vertheidigen gesucht. Seine Gründe sind dieselben wie De Rossi's, auch polemisirt er gegen Profiat Duran wie Alldiejenigen, welche דקא מבריא mehr oder weniger betonen. Luzzato hat die ganze Stelle aus dem genannten Machsor im Orient 1849, 357, 359 veröffentlicht. Vergl. פרי חדש zu Orach chajim § 428 und Salomon Maimon's Lebensgeschichte II, p. 12—14.

weil ja der Molad Tischri a am Sonntag vor 15h 204ch fällt und Neujahr unter unserer Voraussetzung noch am selben Tage gefeiert werden könnte, so dass a—1 nur vollzählig wäre. Luzzato bewegt sich, ohne es zu merken, in einem Kreise; seine Folgerung hebt seine Voraussetzung auf. Aber er geht noch weiter, um zu zeigen, wie der Sonntag schon von 9h 204ch ab sich nicht zu Neujahr eigne, weil jedes Gemeinjahr, auf welches eine doppelte Dechijah folgt, unbedingt 356 Tage zählen würde, wenn wir nicht die Dechijah אד״ו für Dienstag, Freitag und Sonntag eintreten liessen. So wären denn, zugegeben, dass sich gegen Luzzato's Raisonnement nichts einwenden liesse, die Dechijoth in Wirklichkeit erklärt? Ach nein! Luzzato will ja nur den Sonntag retten; denn für Du genügt ihm ja der talmudische Grund משום ירקא ומתיא, nur die Verschiebung des Neujahrs von Sonntag auf Montag macht ihm Sorgen, weil die Ceremonie der Weiden, welche vom mosaischen Gesetze nicht vorgeschrieben, sondern nur eine rabbinische Institution ist, am Sonnabend wohlweislich unterbleiben könnte. Nun er aber die Unzulässigkeit des Sonntag von 9h 204ch ab bewiesen, glaubt Luzzato mit Recht behaupten zu dürfen, dass die Ceremonie der Weiden nur so viel dazu beigetragen, dass ein Gesetz, dem 14¾ Stunden des Tages bereits unterworfen waren, auf den ganzen Tag, und was für das Gemeinjahr gegolten, auch auf das embolisimische ausgedehnt wurde. Wir wollen hierzu nur kurz bemerken, dass von 9h 204ch bis 18h blos 7h 876ch sind und dass man wegen dieser kurzen Zeit den Sonntag umsoweniger hätte für unzulässig erklären dürfen, als doch die Dechijah Gatrad nur die Folge der Exclusion des Sonntag ist; und einer rabbinischen Institution halber den Versöhnungstag von Donnerstag auf Sonnabend zu verlegen, würde wohl Bedenken erregt haben.[1]) Hätte man Atrad gelten lassen, dann wäre Gatrad eo ipso weggefallen. Luzzato hat uns nur bewiesen, dass auch ein Mann von seiner Grösse sich irren kann.

Am einfachsten weiss sich Geiger[2]) die Dechijoth zu erklären. Der Rabbinismus, meint er, habe mit einem Muthe, dem auch er

[1]) Vergl. Orient 1849 p. 338—343 und 353—359. Luzzato sagt p. 356 in einer Note: „Der gelehrte Slonimski schreibt תולדות השמים p. 59: אד״ו גטר״ד בשתיקתם אשר שלשתם אחת היא שלא יבא ר״ה באחד. Dies ist nicht genau. Ohne die Dechijoth גטר״ד, בטו״תקפט konnte man den ר״ה von אד״ו vermeiden, die aber nur dazu nöthig sind, zu verhindern 356d im Gemeinjahr und 382d im embolismischen“. Aber Slonimski hat dies gar nicht behauptet, im Gegentheil meint er, dass die Dechijah אד״ו die anderen zur Folge haben müsse. Die zu verhindernde Länge wird ja durch nichts anderes als durch אד״ו verursacht.

[2]) Zeitschrift 1868 p. 141 ff.

seine volle Anerkennung nicht versagen kann, in die Feststellung des Kalenders eingegriffen, und die Festfeier von Tagen, an denen sie Störungen hätten erleiden müssen, auf andere Tage verlegt. Die Berechtigung hierzu schöpfte er aus seinem religiösen Gewissen, und es kam ihm gar kein Bedenken darüber, ob er denn auch die Befugniss dazu habe. Das religiöse Gewissen also hat eine Reform zu Tage gefördert, auf deren Kühnheit und weitgreifende Wirkung Geiger mit folgenden Worten hinweist: „Nach richtiger sonst immer eingehaltener Berechnung soll etwa der Versöhnungstag am Dienstag oder Freitag gefeiert werden, man verschiebt ihn durch künstliche Umgestaltung der Rechnung auf den folgenden Tag und der eigentliche Versöhnungstag, der in strenger Sabbatruhe, in Fasten und Kasteiung begangen werden sollte, wird geradezu entweiht durch Arbeit und leibliche Nahrung, man begeht Dinge an ihm, die die Strafe der Vernichtung im Gefolge haben! Es ist die Consequenz des entschiedenen Pharisäismus, der sich der Fessel der Unabänderlichkeit des starren Gesetzes entwindet, wo bürgerliche und religiöse Rücksichten drängen, und der angemessene Umänderungen gestattet ja gesetzgeberisch feststellt. Ein hoher Vorzug des Pharisäismus, der nur dadurch verkümmert wird, dass eben seine Beurtheilung der zwingenden Verhältnisse und seine Art der Umgestaltung nicht immer unsere Billigung finden können. So hat er hier anstatt in Ausnahmefällen eine Todtenbestattung am Sabbat oder am Versöhnungstage zuzugeben, lieber diesen ganz verlegt, ferner dasselbe gethan, ehe er die Weidenfeier am Sabbat gestattet, oder diese inhaltslose, nichtssagende ehemalige Demonstration an diesem Tage hätte ganz ausfallen lassen." Wir haben Geiger's Worte in extenso angeführt, nicht etwa in der Absicht, auf das Tendenziöse derselben hinzuweisen, sondern vielmehr aus dem Grunde, um zu zeigen, dass er sicherlich auf einen wissenschaftlichen Erklärungsgrund verzichtet haben müsse, wenn er gegen den Rabbinismus solch harte Worte ausspricht. Wir aber wollen uns keineswegs abschrecken lassen und trotz der vielen gescheiterten Versuche im Folgenden es unternehmen, unsere Ansicht über die Dechijoth vorzutragen und zu begründen.

Wir haben bereits oben bemerkt, dass der constante Kalender nur auf eine unveränderliche Länge des synodischen Monates basirt werden konnte. Hier wollen wir blos darauf hinweisen, wie complicirt und unzweckmässig es wäre, bei einer volksthümlichen Zeitrechnung von dem Augenblick des Sichtbarwerdens der Mondsichel auszugehen und dem Kalender die wahre, elliptische Bewegung des Mondes zu Grunde zu legen; denn abgesehen davon, dass man zwei Zeiten, die der Conjunction und die der Erscheinung des Mondes, zu berechnen hat, abgesehen davon, dass beide Zeiten höchst ungleichmässig sind, ist es auch nicht thunlich, einen allgemein gültigen Kalender auf eine sinnliche Wahrnehmung zu gründen, die nur an einem Orte mit der Berechnung aufs genaueste übereinstimmt. Die Neumondsbestimmung vermittels Zeugenaussage oder auch die astronomische Berechnung hatte, wie die Geschichte des Kalenders lehrt, schon gegen Ende der letzten Epoche ihre Schwierigkeiten, und um wie viel grösser mussten diese zu einer Zeit werden, in welcher der vereinigende Mittelpunkt gänzlich schwand und unser nach allen Weltgegenden zerstreutes Volk vergebens seinen Blick nach Judäa richtete. Mussten da nicht jene erleuchteten Männer, denen das Wohl ihres Volkes am Herzen lag, denen die Gefahren, die aus einer ungeregelten Zeitrechnung erwachsen könnten, nur zu gut bekannt waren, mussten sie nicht bei Zeiten die Festordnung sicher stellen, mussten sie nicht einen festen Kalender einführen? Mussten sie aber nicht auch bei einem constanten Kalender die mittlere Conjunction zum Ausgangspunkte nehmen? Diese Frage zu verneinen, dürfte kaum einem besonnenen Manne einfallen, und dennoch fehlt es selbst in unserer Zeit nicht an Schreiern, welche diesen kühnen Griff des Rabbinismus missbilligen und ihn als eine unerhörte Reform hinstellen. Die Einführung unseres Kalenders ist allerdings eine Neuerung, wie sie vielleicht in unserer Geschichte nicht ihres Gleichen hat, aber diese Reform war ein Act der Nothwendigkeit, den der Bestand des jüdischen Volkes gebot. Man muss sich nur der Differenzen zwischen unserem constanten und dem früheren Kalender bewusst werden, um die Tragweite der Neuerung zu erkennen, aber man darf sich auch der Mühe nicht entziehen, unsere heutige Festordnung mit der alten zu vergleichen, um diese weitgehende Reform in ihrem klaren Lichte zu erblicken — und wahrlich unsere Reformhelden dürften sich dieselbe alsdann zum Vorbilde nehmen. So lange der Monat mit dem Sichtbarwerden der Mondsichel in der Abenddämmerung seinen Anfang nahm, wurde der Neumond immer einen Tag später als es heute der Fall ist, gefeiert; denn wenn auch die Conjunction am Abend eintrat, so konnte doch der Neumond erst am darauf folgenden Tage nach Sonnenuntergang gesehen werden. Während also früher der Tag des Sichtbarwerdens — wenn die Zeugen zur Zeit vernommen werden konnten — als Neumondstag eingesetzt wurde, wird heute der Tag der Conjunction, so diese nur vor Mittag eintritt, als solcher gefeiert[1]).

[1]) Wie gross die Confusion in diesem Punkte ist, zeigt Ideler's Definition des Wortes מולד. „Molad, Geburt nämlich des neuen Lichtes heisst der Neumond,

Hierin liegt der eigentliche und wesentliche Unterschied zwischen dem ehemaligen und heutigen Kalender, und so in die Augen springend dieser Unterschied auch ist, hat man ihn — wir können mit dem besten Willen nicht anders urtheilen — nicht zur Genüge gewürdigt, sonst hätten die Dechijoth schon längst ihre Erklärung gefunden. Die Reform besteht also darin, dass nach dem eingeführten Kalender alle Neumonde, mithin auch alle Festtage um einen Tag früher angesetzt werden als zur Zeit der Beobachtung und der astronomischen Berechnung. Nicht aus Willkühr, sondern durch das Gebot der unerbittlichen Nothwendigkeit gedrängt, nahmen die Begründer unseres constanten Kalenders zu diesem reformatorischen Act ihre Zuflucht, und es liesse sich auch nicht das Geringste dagegen einwenden, wenn sie dabei stehen geblieben wären. Sie liessen es aber durchaus nicht dabei bewenden, sie unterliessen es nicht, diese unabwendbare Neuerung nach Kräften abzuschwächen, sie bemühten sich den status quo ante aufrecht zu erhalten und nur aus dem Grunde, weil sie den neuen Kalender der früher üblichen Zeitrechnung so eng als möglich anpassen wollten — führten sie die Dechijoth ein. Ja, die Dechijoth sind nichts anderes als ein Gegenmittel gegen die Rückverlegung des Neumondes vom Tage des Sichtbarwerdens der Mondsichel auf den Tag der Conjunction, und wir können es kühn behaupten, dass unsere Feste in den meisten Fällen selbst von einem in Jerusalem tagenden Synhedrin mittelst Zeugenaussage nicht anders festgesetzt werden könnten, als es in unserem Kalender geschieht. Man muss nur den Unterschied zwischen der heutigen und früheren Neumondsbestimmung unverrückbar im Auge behalten, um die Vertagungsfälle würdigen zu können. . Die Dechijoth sind nur in Relation zum Molad als Verschiebungen anzusehen, in Bezug auf den frühern Brauch giebt es keine Dechijoth [1]). Aus diesem Grunde und von diesem Gesichtspunkte

aber nicht gerade die Conjunction, die wir unter Neumond verstehen, sondern die Zeit, wo der Mond nach der Conjunction zuerst wieder in der Abenddämmerung sichtbar wird, was die Griechen νουμηνία nannten. Die Rechnung giebt nämlich die Molads so, dass in der Regel die Mondsichel an dem Tag erscheint, auf den der Molad (sic!!) trifft." (l. c. I, 544.) Zu unserem grössten Bedauern konnten wir nicht der Schrift Bendavid's „Zur Berechnung und Geschichte des jüdischen Kalenders" habhaft werden und sind demnach nicht in der Lage zu entscheiden, ob Ideler diese Weisheit von Bendavid oder von Auerbach gelernt.

[1]) Geiger kann sich also beruhigen; denn man verschiebt den Versöhnungstag keineswegs durch künstliche Umgestaltung auf den folgenden Tag; wir feiern ihn nur wie es in Jerusalem üblich war, auch entweihen wir nicht den eigentlichen Jom kippur durch Arbeit und leibliche Nahrung, denn dieser eigentliche Jom kippur ist ja vom Sichtbarwerden des Mondes gerechnet der 9. Tischri; vor der Strafe der Vernichtung fürchten wir uns durchaus nicht.

aus müssen wir dem Molad saken den Charakter einer Dechijah von vornherein absprechen, weil ohne ihn die Differenz nicht einen, sondern zwei Tage betrüge. Ein Beispiel wird die Sache klar machen. Nehmen wir an, die Conjunction tritt 2d 17h 1079ch ein, so würde nach der Annahme des Talmuds der Neumond 3d 0h gesehen werden und der erste Tag des Monates wäre also Dienstag, während er in unserem Kalender auf Montag fällt; tritt aber die Conjunction 2d 18h ein, so würde der Neumond erst 4d 0h gesehen werden und Rosch hodesch wäre demnach Mittwoch; wenn nun der Molad saken bei uns nicht in Betracht käme, so würden wir unsere Feste um 2 Tage früher als unsere Vorfahren ansetzen. Die sogenannte Dechijah des Molad Jach ist mithin insofern unvermeidlich, als wir nur in dem Falle den Tag der Conjunction zum Neumonde machen, wenn der Mond noch am darauffolgenden Tage sichtbar wird, oder mit anderen Worten, wenn der nächstfolgende Tag vom Synhedrin vermittelst Zeugenaussage als Neumond eingesetzt werden könnte. Die nächste Consequenz dieser unserer Behauptung ist die, dass wir jede doppelte Dechijah in Abrede stellen. Nie und nimmer wird das Neujahrsfest um 2 Tage verschoben; der Molad Tischri dieses Jahres war Donnerstag Nachmittag 5h 24′ 33″ 20‴, Rosch haschanah war allerdings Sonnabend, aber keineswegesspäter, sondern genau an demselben Tage, den das Synhedrin eingesetzt haben würde. Unsere Alten waren gezwungen den Tag der Conjunction als Monatsanfang einzusetzen, weil sie im widrigen Falle den ganzen Kalender illusorisch gemacht hätten, und deshalb gilt es als Regel, das Jahr mit dem Tage des Molads zu beginnen, von welcher die Dechijoth eine Ausnahme machen. Den Begründern des Kalenders lag natürlich daran, diese Ausnahmefälle so weit als möglich zu häufen und deshalb schlossen sie 3 Tage als zu Rosch haschanah unzulässig aus. Dass sie gerade Sonntag, Mittwoch und Freitag wählten, muss umsomehr gewürdigt werden, als sie sich hierbei von den im Talmud geltend gemachten Gründen leiten liessen. Aus Anhänglichkeit an das Alte und Hergebrachte führten sie die Dechijah Adu ein, die, wie bereits erwähnt, die anderen zwei Dechijoth, Betutakpat und Gatrad, involvirt. Auf diese Weise kam es, dass die eigentliche Regel in Folge der nur allzu häufig eintretenden Vertagungen[1]) zur Ausnahme geworden, so dass wir mit Fug und

[1]) In dem Zeitraum von 5530 bis 5606, also in 76 Jahren, traf, wie Ideler schon bemerkt, der Neujahrstag nur 27 Mal auf den Tag der Conjunction, und in den 28 Jahren von 5605 bis 5633 ist Rosch haschanah, nicht etwa in Folge des Molad saken, sondern der anderen Dechijoth 16 Mal vertagt worden.

Recht behaupten dürfen: **Die Begründer des Kalenders führten die Dechijoth nur aus dem Grunde ein, um die Kalenderrechnung dem durch Jahrhunderte geheiligten Brauch, die Neumonde am Tage des Sichtbarwerdens der Mondsichel zu feiern, auf's engste anzupassen**[1]).

Nach dieser Digression nehmen wir nun den Hauptfaden unserer Darstellung wieder auf und gehen jetzt vom Monat zum Mondjahr über. Die Länge des astronomischen Mondjahres beträgt 354d 8h 876ch, und da nur ganze Tage in Anschlag gebracht werden können, so ist es in der Natur der Sache begründet, dass das Mondjahr sobald der Stundenüberschuss zu einem Tage angewachsen, 355d hat. Ebenso verhält es sich mit dem embolismischen Jahr, dessen natürliche Länge 383d 21h 589ch ist, und das gleichfalls zuweilen 384d zählt. Es liegt demnach im Charakter des synodischen Monates, dass wir zwei verschiedene Jahreslängen unterscheiden, regelmässige Jahre von 354d und 383d und überschüssige von 355d und 384d. Nun kommt aber ein neues Moment hinzu, denn gewöhnlich tritt die eine oder andere Dechijah ein, wodurch das alte Jahr um einen Tag verlängert, das neue hingegen um einen Tag verkürzt wird, sodass wir bei dem embolismischen dreierlei Längen unterscheiden. Dass die Begründer des constanten Kalenders nicht das Schaltjahr, dessen natürliche Länge fast 384d ist, auf 382 reduciren konnten, dass sie vielmehr dem Gemeinjahr, dessen Stundenüberschuss nur den dritten Theil des Tages beträgt, einen Tag abnehmen mussten, ist zu einleuchtend, als dass wir es weiter begründen müssten. Nur auf diese Weise kann das mit dem Tage der Conjunction beginnende Schaltjahr 385 Tage zählen, und nur durch die Dechijoth allein ist die Eintheilung der Mondjahre in mangelhafte, regelmässige und überschüssige begründet.

Diese Verschiedenheit der Jahreslängen, die, wie man sieht, von den zwei nächsten Neujahrstagen abhängen, nöthigt uns den Molad des Jahres $A + 1$ zu berechnen um den Charakter des Jahres A feststellen zu können. Es lässt sich jedoch im Voraus bestimmen, mit welchen Tagen der Woche die verschiedenen Jahre ihren Anfang

[1]) Wir haben bis jetzt die Dechijoth nur vom historischen Standpunkte zu erklären gesucht; wir werden aber auch bald deren kalendarischen Werth würdigen lernen, wenn wir die Ueberzeugung gewinnen, dass die verschiedenen Jahreslängen nur durch die Dechijoth in ein System gebracht werden können, das unseren Kalender bedeutend vereinfacht, und dass wir einen viel verwickelteren Kalender besässen, wenn die regelmässigen Jahre 354d und 383d und die überschüssigen 355d und 384d zählten.

nehmen. Man braucht nur die Jahreslängen durch 7 zu dividiren, und den Rest zu Montag, Dienstag, Donnerstag und Sonnabend, also zu 2d, 3d, 5d, 7d, hinzuzugeben, um aus der Summe die geeigneten Neujahrstage zu erfahren. Gehen wir also nach der Ordnung. Das mangelhafte Gemeinjahr von 353d giebt durch 7 dividirt 3 zum Rest; 3 + 2, 3, 5, 7 5, 6, 1, 3, mithin kann kein mangelhaftes Gemeinjahr am Dienstag und Donnerstag, sondern nur am Montag und Sonnabend beginnen. Die Zeichen hierfür sind בח und זח oder 2m und 7m. Das regelmässige Gemeinjahr von 354d hat durch 7 getheilt 4 zum Rest; 4 + 2, 3, 5, 7 6, 7, 2, 4, mithin kann es weder am Montag noch am Sonnabend seinen Anfang nehmen, sondern nur am Dienstag und Donnerstag, was durch גכ, הכ, 3r, 5r, ausgedrückt wird. Das überschüssige Gemeinjahr von 355d giebt durch 7 dividirt 5 zum Rest; 5 + 2, 3, 5, 7 7, 1, 3, 5, mithin kann dieses Jahr nur am Montag, Donnerstag und Sonnabend beginnen; die Zeichen hierfür sind בש, הש, זש oder 2u, 5u, 7u. Man sieht sich also in der Erwartung, zwölf verschiedene Gemeinjahre zu finden, getäuscht, denn wir haben nunmehr die Ueberzeugung gewonnen, dass nicht jedes Gemeinjahr an jedem der vier zulässigen Wochentage anfangen könne. Sehen wir aber auch, wie es sich mit den verschiedenen Schaltjahren verhält. Das mangelhafte Schaltjahr von 383d giebt durch 7 getheilt 5 zum Rest; 5 + 2, 3, 5, 7 7, 1, 3, 5, es kann also der Rosch haschanah eines solchen Jahres nicht auf Dienstag, sondern auf Montag, Donnerstag und Sonnabend fallen. Die Zeichen sind: בח, הח, זח 2M, 5M, 7M. Das regelmässige Schaltjahr von 384d giebt durch 7 dividirt 6 zum Rest; 6 + 2, 3, 5, 7 1, 2, 4, 6, es kann demnach weder am Montag noch am Donnerstag noch am Sonnabend, sondern einzig und allein am Dienstag beginnen; sein Zeichen ist גכ, 3R. Das überschüssige Schaltjahr von 385d giebt durch 7 getheilt 7 zum Rest; 7 + 2, 3, 5, 7, 2, 3, 5, 7 d. h. das Jahr A + 1 beginnt mit demselben Wochentage, an welchem das überschüssige Schaltjahr A begonnen. Seine Zeichen sind jedoch nur folgende drei זש, הש, בש, 2 U, 5 U, 7 U[1]). Wir haben demnach 14 Normalkalender, aus deren Zeichen wir den Charakter und den Anfang des Jahres ersehen; da aber der Abstand des Pessachfestes vom Neujahr durch die verschiedenen Jahreslängen bedingt ist, so pflegt man zu den zwei Buch-

---

[1]) Das Schaltjahr, dessen גה Dienstag ist, kann nie überschüssig sein, weil der Molad des Jahres A + 1 noch nicht die Grenze erreicht, bei welcher Btutakpat eintritt, 3d, 17h, 1079ch + 5d 21h 589ch = 2d 15h 588ch, deshalb kann גש, 3U nie vorkommen. Vergl. Abr. hanasi l. c. p. 65 und Philipovski ibid. p. 63. Note.

staben der Zeichen, von denen der erste ר״ה, der zweite die Jahreslänge bezeichnet, noch einen dritten hinzuzufügen, der den ersten Pessachtag angiebt. Dies ist um so einfacher, als man doch blos für die Gemeinjahre die Zahlen 1, 2, 3 und für die Schaltjahre 3, 4, 5 zum Neujahrstag zu addiren hat, um den dritten Buchstaben zu finden. Der Vollständigkeit wegen wollen wir die Zeichen der 14 Normalkalender hier nebeneinanderstellen.

Gemeinjahre							Schaltjahre						
בחג	זחא	גכה	הכז	בשה	השא	זשג	בחה	החא	זחג	גכז	בשז	השג	זשה
2m3	7m1	3r5	5r7	2u5	5u1	7u3	2M5	5M1	7M3	3R7	2U7	5U3	7U5

Der eigentliche Charakter des Jahres kommt durch den der Monate Marcheschwan und Kislew zum Ausdruck. Im überschüssigen Jahre sind beide vollzählig, im mangelhaften sind beide mangelhaft, und im regelmässigen hat Marcheschwan 29, Kislew 30 Tage. Dass die veränderliche Länge des Jahres gerade in der festlosen Jahreszeit sich manifestire, ist schon durch den Umstand geboten, dass auch der Schaltmonat in diese Hälfte des Jahres fällt. Warum aber gerade die genannten zwei Monate veränderlich sind, haben die Chronologen auf mannigfache Weise erklären wollen. Uns scheint der eigentliche Grund darin zu liegen, dass die Tekuphath Tebeth keine Confusion verursache; denn wenn Tebeth und Schebat veränderlich wären, könnte man zuweilen die Intercalation umgehen. — Die 14 Normalkalender werden durch die hier beigefügte Tabelle A veranschaulicht. Die Horizontalreihe giebt den Anfang, die in den Fonds stehenden Zahlen geben die verschiedenen Längen des Jahres; die Vertical-Columne giebt den Anfang des Jahres A + 1, so dass man die Neujahrstage der zwei auf einander folgenden Jahre und die hierdurch bedingte Jahreslänge mit einem Male übersehen kann.

Tab. A.

	Montag	Dienstag	Donnerstag	Sonnabend
Montag	385	384	353	
Dienstag			355, 383	353
Donnerstag	353		385	355, 383
Sonnabend	355, 383	354		385

Die eigentliche Schwierigkeit, die darin besteht, dass man die Conjunction des kommenden Jahres berechnen muss, ist aber noch immer nicht gehoben. Bedenkt man jedoch, dass der Molad des Jahres A + 1 von dem des Jahres A abhängt, so kann man diese Schwierigkeit auf die einfachste Weise dadurch beseitigen, dass man die Grenzen feststellt, innerhalb welcher der Neujahrstag derselbe bleibt. Wir wollen z. B. wissen, wie lange der Charakter des Jahres

2m bleibt. Die eine Grenze ist uns schon bekannt, denn wir wissen ja, dass, sobald die Conjunction 7d 18h ist, Rosch haschanah auf Montag fällt, und es frägt sich nur, mit welchem Molad der Charakter m des Jahres aufhört. Aus Tab. A ersieht man, dass A+1 auf Donnerstag fällt, wenn A 2m ist; Donnerstag ist aber Neujahr noch bei einem Molad 5d 17h 1079ch; zieht man von diesem Molad den Moladcharakter des Gemeinjahres 4d 8h 876ch ab, so sieht man, dass der Charakter des Jahres 2m bleibt, so lange der Molad A die Grenze 1d 9h 203ch nicht überschritten hat. Die Tagesgrenzen für בח, 2m sind also 7d 18h — 1d 9h 204ch. Man braucht mithin nur von der Zeit, mit welcher eine Vertagung eintritt, den Moladcharakter des Jahres abzuziehen, um die äusserste Grenze zu erhalten. Wir wollen den Leser mit der Feststellung dieser Tagesgrenzen nicht ermüden, sondern geben nur in Tab. B das Facit der Berechnung für die vier Arten von Jahren, die im Cyklus zu unterscheiden sind. Unter I stehen die Jahre, denen ein Schaltjahr

Tab. B.

	Jahre des Schaltcyklus	בח 2m	בש 2u	גכ 3r	הכ 5r	הש 5u	זח 7m	זש 7u
I	1, 4, 9, 12, 15	7d 18h	1d 9h 204ch	4d 15h 589ch	3d 9h 204ch	5d 9h 204ch	5d 18h	6d 0h 408ch
II	2, 5, 10, 13, 16	7 18	1 9 204	2 18	3 9 204	5 9 204	5 18	6 9 204
III	7, 18	7 18	1 9 204	2 15 589	3 9 204	5 9 204	5 18	5 9 204
IV	3, 6, 8, 11, 14, 17, 19	7 18	1 20 491	2 18	3 18	4 11 695	5 18	6 20 491

vorausgeht und ein Gemeinjahr folgt, unter II denen ein Gemeinjahr vorausgeht und ein Schaltjahr folgt; unter III stehen die zwischen Schaltjahren liegenden Gemeinjahre und unter IV die 7 Schaltjahre des Cyklus. Wir kennen nun die verschiedenen Mondjahre mit ihren Längen und Conjunctionen und können füglich, was über den synodischen Monat noch zu sagen wäre, auf den 3. Abschnitt dieses Theiles versparen, in welchem wir auf die Tagesgrenzen nochmals zu sprechen kommen, um zu zeigen, wie man einen immerwährenden Kalender auf dieselben basiren kann.

II. Das tropische Sonnenjahr.

Der unterscheidende Charakter des gebundenen Mondjahres, das dem jüdischen Kalender zu Grunde liegt, besteht darin, dass es sich einerseits aus Mondmonaten zusammensetzt, andererseits doch wieder mit dem Sonnenjahr in gewisser Beziehung übereinstimmt. Dieser Umstand bedingt ein näheres Eingehen auf das tropische Sonnenjahr, dessen Länge wir mit der des astronomischen Mondjahres vergleichen müssen, um die obwaltenden Differenzen dann auch ausgleichen zu können. Wenn wir nun nach der Länge des Sonnenjahres forschen, auf welches unser Kalender basirt ist, so erhalten wir von den Chronologen, die seit dem 10. Jahrhundert gelebt, die nicht wenig befremdende Antwort, der jüdische Kalender kenne zweierlei Sonnenjahreslängen, die Samuel'sche von 365d 6h und die Adda'sche von 365d 5h 997ch 48reg. Und dem ist auch in Wirklichkeit so; denn wenn wir es uns auch nicht beikommen lassen, dass unser Kalender auf die Samuel'sche Tekupha basirt werden konnte, u. z. aus dem einfachen Grunde, weil der Schaltcyklus, ja das gebundene Mondjahr selbst dadurch illusorisch würde, so können wir dennoch nicht in Abrede stellen, dass diese Jahreslänge bei weniger genauen Rechnungen in Anwendung kam, und dass wir in manchen Punkten auch heute noch Rücksicht auf dieselbe nehmen. Es ist nicht abzusehen, ob wir über diesen streitigen Punkt jemals ins Reine kommen werden; die in unserer Zeit gewonnenen Resultate, die mit den angestellten Untersuchungen in umgekehrtem Verhältnisse stehen, sind nicht dazu angethan, den alten Streit zu schlichten. Mag sich aber die Sache wie immer auch verhalten, so kann man sich doch der Mühe nicht erwehren, beide Tekuphoth kennen zu lernen, und wir müssen ihnen schon deshalb eine ausführliche Besprechung angedeihen lassen, um ihre Differenzen mit dem astronomischen Sonnenjahr darzulegen.

a) die Samuel'sche Tekupha.

Unter Tekupha verstehen wir den Moment, mit welchem die Sonne in die Aequinoctien und Solstitien tritt, den mittleren Anfang der vier Jahreszeiten, der in unserem Kalender nach den Monaten benannt wird, auf welche er zumeist fällt. So fängt der Frühling gewöhnlich in Nisan, der Sommer in Thamus, der Herbst in Tischri und der Winter in Tebeth an; darum führen auch die vier Tekuphoth deren Namen. Theilt man nun das Samuel'sche oder Julianische Sonnenjahr in 4 Theile, so erhält man die Dauer einer Tekupha zum Quotienten, und dividirt man die 91d 7,5h durch 7, so erhält man den Tekupha-Charakter von 7,5h, wie wir den Tekupha-Ueberschuss von 2d 17h 321ch erhalten, indem wir drei Mondmonate von 91d 7,5h subtrahiren. So erfahren wir, dass die Tekupha nach einem Jahr um 30 Stunden vorrückt, dass der Ueberschuss des Sonnenjahres über das Mondjahr 10d 21h 204ch ausmacht, und dass das

Mondjahr nach je 19 Jahren um 1h 485ch hinter der Sonne zurückbleibt. Während also die Tekuphoth des Jahres mit 7,5h vorwärtsschreiten, rückt dieselbe Tekupha von einem Jahr zum andern 1d 6h vor, so dass sie nach einem Zeitraum von 28 Jahren wieder auf dieselbe Stunde des Tages fällt, wie zu Anfang. Innerhalb dieser 28 Jahre, die wir Sonnencyklus (מחזור גדול לחמה) nennen, fällt also jede Tekupha auf 4 verschiedene Augenblicke aller sieben Wochentage. Weiss man nun den Augenblick der ersten Tekupha im Machsor, so findet man alle anderen für welche Zeit immer, indem man den Tekuphacharakter 7,5h, multiplicirt mit den bereits verflossenen Tekuphoth, zu demselben hinzugiebt. Da nun nach der Annahme der Begründer unseres Kalenders die erste Tekuphath Nisan 4d 0h gewesen, so kann dieselbe nur auf die vier Haupttageszeiten fallen, und ebenso rückt der Augenblick der anderen Tekuphoth immer mit 7,5 Stunden von diesen Zeiten gerechnet vorwärts, wie dies Tab. C. veranschaulicht.

Tab. C.

Tek. Nisan	0h = 6 Uhr Abends	6h = Mitternacht	12h = 6 Uhr Morgens	18h = Mittag
" Thamus	7,5h = 1 U. 30' Nachts	13,5h = 7 U. 30' Morgens	19,5h = 1 U. 30' Nachmittags	1,5h = 7 U. 30' Abends
" Tischri	15h = 9 Uhr Morgens	21h = 3 Uhr Nachmittags	3h = 9 Uhr Abends	9h = 3 Uhr Morgens
" Tebeth	22,5h = 4 U. 30' Nachmittags	4,5h = 10 U. 30' Abends	10,5h = 4 U. 30' Morgens	16,5h = 10 U. 30' Morgens

Um die Tageszeit der Tekupha zu finden, genügt es zu wissen, wie viel Jahre im laufenden Sonnencyklus schon vorüber sind; da man aber bei manchen kalendarischen Berechnungen auch auf die verflossenen Sonnencykeln Rücksicht zu nehmen pflegt, so wollen wir hier eine Tafel geben, aus welcher man sowohl den Quotienten als auch den Rest der Division durch 28 leicht finden kann. Da 700:28 keinen Rest giebt, so wird auch das nfache von 700 durch 28 theilbar sein; man zieht demnach von den verflossenen Jahren der Weltära das grösste Vielfache von 700 ab, bleibt ein Rest, der grösser ist als 28, so suche man die nächste kleinere Zahl in der Tafel und verfahre wie früher, bis man einen Rest findet, der kleiner ist als 28. Der letzte Rest zeigt die verflossenen Jahre des laufenden Cyklus an, wie die Summe der neben den gefundenen Subtrahenden links stehenden Zahlen die bereits verflossenen Sonnencykeln giebt. Zu merken ist nur, dass die Jahre in Bezug auf die Tekuphoth von Nisan an gezählt werden[1]) and dass demnach von der Aera 6 Monate abzuziehen sind. Wenn wir nun den Augenblick der Tekuphath Nisan 5632 bestimmen wollen, so müssen wir zuvörderst von den 5631 Jahren, die verflossen sind, das möglichst Vielfache von 700 subtrahiren, 5631 — 8 × 700 = 31; dieser Zahl entspricht 28, der letzte Rest ist also 3; die neben den Subtrahenden stehenden Zahlen geben 201; soviel Cykeln sind vorüber. Wir haben uns aber vor der Hand nur um die 3 verflossenen Jahre des laufenden Cyklus zu kümmern; diese multipliciren wir mit dem Tekupha-Charakter des Jahres, mit 1 d 6 h, und addiren das Product zu 4 d 0 h. Die gefundene Summe giebt den Wochentag und die Stunde der Tekuphath Nisan 5632 7 d 18 h, Sonnabend Mittag; addirt man zu dieser Summe 7,5 h, 15 h, 22,5 h, so hat mann auch die Tageszeit für die Tekuphath Thamus desselben und für die Tekuphoth Tischri und Tebeth des folgenden Jahres gefunden.

Tab. D.

1	
2	66
3	64
4	112
5	140
6	168
7	196
8	224
9	252
10	280
11	308
12	336
13	364
14	392
15	420
16	448
17	476
18	504
19	532
20	560
21	588
22	616
23	644
24	672
25	700
50	1400
100	2800
200	5600

Anders jedoch verhält es sich, wenn man den Monatstag der Tekupha finden will. Hier kommen 3 Momente hinzu; 1) das Datum der ersten Tekupha, 2) die Anzahl der verflossenen Mondcykeln und 3) die verflossenen Jahre des laufenden Mondcyklus. Den ersten Punkt bezüglich gilt es als ausgemacht, dass die erste Tekuphath Nisan 7 d 9 h 642 ch vor dem Molad Nisan gewesen; den zweiten Punkt betreffend muss man für die verflossenen Cykeln den Ueberschuss von 1 h 485 ch berechnen; und ebenso drittens den Ueberschuss der Einzeljahre dadurch feststellen, dass man sie mit 10 d 21 h 204 ch multiplicirt und von dem Producte die etwaigen Schaltmonate subtrahirt. Die Summe der Ueberschüsse addire man, um die Rechnung zu vereinfachen, zu dem Molad Adar, der vor der ersten Tekupha gewesen, zu 22 d 8 h 151 ch; ist die Summe kleiner als die Länge des synodischen Monates, so wird die Tekuphath Nisan in Adar, in jedem andern Falle dagegen in Nisan sein. Im ersten Falle giebt man die Summe zu dem Molad des laufenden Adar, im zweiten den Rest von 29 d 12 h 793 ch zu dem Molad Nisan; die Summe, die in keinem

---

[1]) Vergl. Rosch hasch. 12a. תני חכמי ישראל מנין למבול כר' אליעזר ולתקופה כר' יהושע

Falle Chalakim enthalten darf, ist das Monatsdatum der Tekupha. Mit Hülfe der oben Seite 51 gegebenen Tafel findet man die verflossenen Mondcykeln wie die Jahre des laufenden Cyklus, aus Tab. D die Ueberschüsse sowohl der מחזורים als auch der Einzeljahre. Bis Nisan 5632 sind 290 Mondcykeln und 7 Jahre vorüber, deren Ueberschüsse betragen:

17d 20h 1000ch
17 2 922
34d 23h 842ch

geben wir 22d 3h 151ch hinzu und subtrahiren von der Summe 57d 2h 993ch einen ganzen Monat, so finden wir, dass die Tekuphath Nisan 27d 14h 200ch nach dem Molad Adar II fällt. Die Conjunction dieses Monates ist 1d 3h 880ch, demnach fällt die Tekupha am 27. Adar II. 18h, d. i. Sonnabend Mittag. Auf dieselbe Weise verfährt man bei den andern Tekuphoth, die man übrigens auch dadurch finden kann, dass man x (91d 7,5h) zu der Tekuphath Nisan addirt, resp. von ihr subtrahirt. So erfahren wir, dass die Tekuphath Tischri dieses Jahres am 22. Tischri, Sonnabend um 9 Uhr Abends gewesen, weil von diesem Augenblick bis zur Tekuphath Nisan 182 Tage 15 Stunden verflossen sind. Auf die Differenz dieser Tekupha mit der mittleren astronomischen können wir erst weiter unten eingehen. Bevor wir nun auch das christliche Monatsdatum der Tekupha berechnen, wollen wir noch bemerken, dass manche Chronologen die Tekuphoth von Tischri ausgehend zählen und nur anstatt 7d 9h 642ch — 12d 20h 204ch zu בהרד hinzugeben, so dass das Resultat dasselbe bleibt. Diese erste Tekuphath Tischri fiel auf den 24. September 9 Uhr Morgens jerus. Zeit; da nun das Samuelsche Jahr mit dem Julianischen identisch ist, so braucht man nur das Datum der vier ersten Tekuphoth zu wissen, das man dann auf das Gregorianische reduciren muss. So war (nach unserer Annahme)

Tab. D. Ueberschüsse.

Für die Jahre des Cyklus				Für ganze Cyklen			
1	10d	21h	204ch	1		1h	485ch
2	21	18	408	2		2	970
*3	3	2	899	3		4	375
4	14	0	23	4		5	860
5	24	21	227	5		7	265
*6	6	6	718	6		8	750
7	17	2	922	7		10	155
*8	28	0	46	8		11	640
9	9	8	537	9		13	45
10	20	6	741	10		14	530
*11	1	14	152	20	1d	4	1060
12	12	11	356	30	1	19	510
13	23	8	560	40	2	9	1040
*14	4	16	1051	50	3	—	490
15	15	14	175	60	3	14	1020
16	26	11	379	70	4	16	470
*17	7	19	870	80	4	19	1000
18	18	16	1074	90	5	10	450
*19	—	1	485	100	6	0	980
				200	12	1	880
				300	18	2	780

die erste Tekuphath Nisan am 25. März, die erste Tekuphath Thamus am 24. Juni, die erste Tekuphath Tischri am 24. September und die erste Tekuphath Tebeth am 25. December; geben wir zu diesen Zahlen 12 hinzu, so erhalten wir das christliche Datum der Samuel'schen Tekupha.

b) Die Adda'sche Tekupha.

Das Sonnenjahr beträgt nach der Annahme R. Adda's, wie dies aus der nach ihm benannten Boraitha, (die Abr. hanasi und Obadja zu Kid. hach. c. 10 citiren) zu ersehen ist, 365d 5h 997ch 48reg. Der vierte Theil des Jahres oder die Dauer der Adda'schen Tekupha beträgt 91d 7h 519ch 31reg; der Tekupha-Ueberschuss über 3 Mondmonate macht 2d 17h 300ch 31reg aus; multipliciren wir diesen mit 4 so finden wir, dass das Adda'sche Sonnenjahr um 10d 21h 121ch 48rg. grösser ist als das astronomische Mondjahr. Man braucht sich nur den Tekupha-Charakter 7h 519ch 31rg genau anzusehen um zu erkennen dass diese Tekupha keinen Sonnencyklus hat; der Sonnencyklus fällt bei R. Adda insofern mit dem Mondcyklus zusammen, als die Tekuphoth nach 19 Jahren sich in derselben Weise wiederholen. Auch ist es nicht nöthig die Tageszeit der Tekupha zu berechnen, weil deren Eintreten immer vom Molad abhängt, sodass wir gleich den Tag des Monates in die Rechnung ziehen müssen, ohne uns weiter um die Zeit des Tages zu kümmern. Bei der Berechnung der Adda'schen Tekupha kommen nur zwei Momente in Betracht: 1) die Epoche, die Zeit der ersten Tekupha und 2) die Zahl der bereits verflossenen Jahre im Cyklus. Die erste Tekupha, deren Jahr auch bei R. Adda mit Nisan beginnt, war 9h 642ch vor dem ersten Molad Nisan, der auf 4d 9h 642ch fiel. Wir müssen also auch hier von den Jahren der Schöpfung 0 Monate abziehen. Die Tekuphath Nisan für das erste Jahr im Machsor ist, wie schon bemerkt, 9h 642ch vor dem מולד ניסן; man braucht also nur diese Zahl von der Conjunction zu subtrahiren oder 29d 3h 151ch zum Molad Adar zu addiren um das genaue Datum der Tekupha zu haben. Für die anderen Jahre des Cyklus ist folgendes zu merken. Man multiplicire den Ueberschuss des Sonnenjahres mit der Anzahl der bereits verflossenen Jahre und ziehe vom Product 9h 642ch ab; ist der Rest kleiner als der synodische Monat, so fällt die Tekupha in Nisan resp. in Addar II. und der Rest ist zu den resp. Conjunctionen zu addiren; bleibt aber, nachdem man 9h 642ch von den Ueberschüssen sutrahirt hat, ein Rest, der grösser ist als der synodische Monat, so dividire man diesen Rest durch 29d 12h 793ch; der neue Rest giebt uns die

Distanz der Tekupha vom Molad, u. z. wird der Rest zu der Conjunction Adar addirt, wenn der Quotient grösser ist als die Anzahl der bereits verflossenen Schaltmonate und die Tekupha ist im Monat Adar; hingegen wird er, wenn die Zahl der Schaltmonate dem Quotienten entspricht, zur Conjunction Nisan hinzugegeben und die Tekupha fällt natürlich auf diesen Monat. In beiden Fällen geben die verschiedenen Summen das Monatsdatum, insofern durch den Molad auch der Neumondstag bedingt ist. Wenn wir nun die Tekuphath Nisan des R. Adda für das nächste Jahr — das Tekupha-Jahr geht mit Adar II. zu Ende — suchen, so müssen wir zuvörderst den Jahresüberschuss, da wir doch am Anfang des 8. Jahres stehen, 7 Mal nehmen. Von diesem Producte 76d 3h 851ch 32rg ziehen wir 9h 642ch ab, den Rest 75d 18h 209ch 32rg dividiren wir durch den synodischen Monat; der Quotient ist 2, der Rest oder die Distanz der Tekupha vom Molad beträgt 16d 16h 783ch 32rg und ist dieser, weil doch schon 3 Schaltmonate im Cyklus vorüber sind, zum Molad Adar II. zu addiren. Die Conjunction dieses Monates wird, wie wir schon oben berechnet haben, Sonntag 3h 880ch sein, mithin ist die Tekuphath Nisan 5632 am 16. des Weadar 20h 583ch d. i. Dienstag den 26. März Nachmittag um 2 Uhr 32′ 24″ 44‴. Will man nun die anderen Adda'schen Tekuphoth für das 8. Jahr berechnen, so gebe man zu der Tekupha-Distanz, die wir für Nisan gefunden, den Tekupha-Ueberschuss hinzu; die Summe wird dann immer zu dem Molad des Monates hinzuaddirt, welcher von der Grenze der vorausgegangenen Tekupha gezählt, der vierte ist. In unserem Beispiele war die Distanz der Tekuphath Nisan 16d 16h 783ch 32rg; geben wir nun 2d 17h 300ch 31rg hinzu so wird die Summe 19d 10h 3ch 63rg die Distanz für die Tekuphath Thamus sein, und zwar ist dieselbe zum Molad Sivan zu addiren. Bemerken müssen wir noch, dass die Distanz, wenn sie grösser als der synodische Monat ist, durch 29d 12h 793 dividirt werden muss, und dass dann der Rest zum Molad des 5. Monates addirt wird. Durch Hilfe der Tab. E kann man jedwede Adda'sche Tekupha ohne Umstände berechnen. Man braucht nur den verlangten Molad zu kennen und die Tekupha-Distanz zu demselben zu addiren, so hat man das Monatsdatum gefunden. Man darf jedoch die Jahre des Mondcyklus nicht wie bei der Moladberechnung von Tischri, sondern immer von Nisan an zählen. So müssen wir, wenn uns darum zu thun ist, die Adda'sche Tekuphath Tischri 5632 zu kennen, die in der Tabelle unter der Siebenzahl stehende Tekupha-Distanz nehmen, obgleich mit Tischri das achte Jahr beginnt. Die Conjunction des Tischri war 5d 23h 442ch. Die Tekupha-Distanz be-

Tab. E.

Jahr des Cyclus	nach dem Molad	Tek. Nisan				nach dem Molad	Tek. Thamus				nach dem Molad	Tek. Tischri				nach dem Molad	Tek. Tebeth			
1	אדר	29d	3h	151ch	0r	תמוז	2d	7h	738ch	61r	תשרי	5d	0h	1038ch	62r	טבת	7d	18h	259ch	17r
2	ניסן	10	11	559	48	תמוז	13	4	860	3	תשרי	15	22	80	34	טבת	18	15	380	65
*3	ואדר	21	8	681	20	סיון	24	1	981	61	אלול	26	19	201	6	כסלו	29	12	502	87
4	ניסן	2	17	9	68	תמוז	5	10	310	23	תשרי	8	3	610	54	טבת	10	20	911	9
5	ניסן	13	13	921	1	תמוז	16	6	930	69	תשרי	19	0	154	24	טבת	21	17	1032	57
*6	ואדר	24	11	253	12	סיון	27	4	553	43	אלול	29	21	853	74	טבת	3	2	361	29
7	ניסן	5	19	661	60	תמוז	8	12	962	15	תשרי	11	6	182	46	טבת	13	23	483	1
*8	ואדר	16	16	783	82	סיון	19	10	3	63	אלול	22	3	304	18	כסלו	24	20	604	49
9	אדר	27	13	905	4	תמוז	0	18	412	35	תשרי	3	11	712	66	טבת	6	4	1013	21
10	ניסן	8	22	233	52	תמוז	11	15	534	7	תשרי	14	8	834	38	טבת	17	2	54	69
*11	ואדר	19	19	356	24	סיון	22	12	655	55	אלול	25	5	956	10	כסלו	27	23	176	41
12	ניסן	1	3	763	72	תמוז	3	20	1064	27	תשרי	6	14	284	58	טבת	9	7	585	13
13	ניסן	12	0	885	44	תמוז	14	17	105	75	תשרי	17	10	406	30	טבת	20	4	706	61
*14	ואדר	22	20	1017	16	סיון	25	14	227	47	אלול	28	7	528	2	טבת	1	13	35	33
15	ניסן	4	6	835	64	תמוז	6	23	636	19	תשרי	9	16	936	50	טבת	12	10	157	5
16	ניסן	15	3	457	36	תמוז	17	20	757	67	תשרי	20	13	1058	22	טבת	23	7	278	53
*17	ואדר	26	0	579	8	סיון	28	17	879	39	תשרי	1	22	386	70	טבת	4	15	687	25
18	ניסן	7	8	987	56	תמוז	10	2	208	11	תשרי	12	19	508	42	טבת	15	12	808	73
*19	ואדר	18	6	29	28	סיון	20	23	329	59	אלול	23	16	630	14	כסלו	26	9	930	45

beträgt 11d 6h 182ch 40rg; mithin war die Tekupha Dienstag den 26. September Abends 11 Uhr 34′ 40″ 8‴. Wir werden weiter unten, wo wir die astronomische mittlere Tekupha berechnen, die Differenz der Adda'schen kennen lernen. Es erübrigt uns noch, das christliche Monatsdatum der Adda'schen Tekupha zu berechnen, und obgleich wir später im Allgemeinen zeigen werden, wie man ein jüdisches Datum auf ein christliches reduciren kann, wollen wir doch hier die Gelegenheit ergreifen, die berühmte Gaus'sche Formel zur Berechnung des jüdischen Osterfestes [1]) wiederzugeben.

„Der 15. Nisan des jüdischen Jahres A, an welchem die Juden ihr Osterfest feiern, fällt in das Jahr A — 3760 = B der christlichen Zeitrechnung; zur Bestimmung des entsprechenden Monatstages dient folgende rein arithmetische Regel. Man dividire 12 A + 17 oder was hier einerlei ist 12 B + 12 mit 19 und nenne den Rest a, ferner dividire man A oder B durch 4 und setze den Rest = b. Man berechne den Werth

$$\text{von } 32{,}0440932 = 32\tfrac{4343}{98496} \qquad \text{oder von } 20{,}0955877$$
$$+\ 1{,}5542418a = 1\tfrac{272953}{492480} \qquad +\ 1{,}5542418\,a$$
$$+\ 0{,}25b = \tfrac{1}{4} \qquad +\ 0{,}25b$$
$$-\ 0{,}003177794\,A = \tfrac{313}{94968} \qquad -\ 0{,}003177794\,B$$

und setzte ihn = M + m, sodass M die ganze Zahl, m den Decimalbruch bedeute. Endlich dividire man M + 3A + 5b + 5 oder M + 3B + 5b + 1 durch 7 und setze den Rest = c. Nun hat man folgende vier Fälle zu unterscheiden:

1) Ist c = 2 oder 4 oder 6, so fällt Ostern den M + 1. März alten Styls, wofür man den M — 30. April schreibt, wenn M > 30 wegen Adu.
2) Ist c = 1, zugleich a > 6 und ausserdem m > 6,63287037 $\left(\frac{311676}{492480} = \frac{1367}{2160}\right)$ so fällt Ostern den M + 2. März a. St. wegen Gatrad.
3) Ist c = 0 zugleich a > 11 und auch m > 0,89772376 $\left(\frac{44211}{492480} = \frac{23269}{25920}\right)$ so ist Ostern den M + 1. März a. St. wegen Betutakpat.
4) In allen übrigen Fällen ist Ostern den Mten März alten Styls.

Anmerkung I. Diese Vorschriften dienen zugleich zur Bestimmung des ersten Tischri oder Neujahrs, welches alle Zeit 163 Tage nach Ostern des vorhergehenden Jahres fällt.

[1]) Monatliche Correspondenz von Frh. v. Zach B. V, p. 435—37.

Anmerkung II. Das Jahr A ist ein gemeines Jahr (von 12 Monaten), wenn a < 12, hingegen ein Schaltjahr von 13 Monaten, wenn a > 11."

Wir wollen nun nach dieser Formel das Pessachfest 5632 berechnen.

A = 5632
12 A + 17 = 67601
67601 : 19 giebt zum Rest 18 = a
5632 : 4 giebt zum Rest 0 = b

32,0440932	42 = M
+ 27,9763524	16896 = 3 A
60,0204456	5
— 17,8973358	16943 : 7 giebt zum Rest 3 = c
42,1231098	

B = 1872
12 B + 12 = 22476
22466 : 19 giebt zum Rest 18 = a
1872 : 4 giebt zum Rest 0 = b

20,0955877	42 = M
+ 27,9763524	5616 = 3 B
48,0719401	1
— 5,9488303	5659 : 7 giebt zum Rest 3 = c
42,1231098	

Es gilt, wie man leicht ersieht, die 4. Regel und Ostern ist demnach am 11. April alten oder am 23. April neuen Styls, und ebenso wird Rosch haschanah am 21. September alten oder am 3. October neuen Styls sein. Kennt man nun diese zwei Daten, so kann es nicht mehr schwer fallen, auch die Tekuphoth, besonders die von Nisan und Tischri auf das christliche Datum zu reduciren.

Führt man die der Gaus'schen Formel zu Grunde liegende Idee weiter aus, so kann man dieselbe auch für die Moladberechnung verwerthen. Erwägt man, dass das Mondjahr $\frac{m}{19}$ Monaten gleich ist, oder dass das tropische Sonnenjahr aus $12\frac{7}{19}$ synodischen Monaten besteht, so wird man auch einsehen, dass die Conjunctionen am Anfang des Schaltcyklus dieselben sind, und dass innerhalb des Machsor der Mond jährlich um $\frac{7}{19}$m (m = synodisch. Monat) hinter der Sonne zurückbleibt, bis die Differenz ein Ganzes ausmacht. Demnach wird die

Conjunction mit jedem Jahr um den Ueberschuss über die Wochen des Sonnenjahres vorwärts schreiten. Wenn wir diesen Ueberschuss t, und den Molad Beharad o nennen, so wird die Conjunction nach a Jahren o + ta sein, vorausgesetzt, dass auch der Cyklus zu Ende ist. Sind wir aber mitten im Cyklus, so wird der Molad um $\frac{7x}{19}$ m früher eintreten. M — o + ta — 7 (a — x 19) m. Multiplicirt man die Jahre mit 7 und theilt das Product durch 19, so werden die Reste 1, 2, 3, 4 u. s. w. sein; ist nun dieser Rest für das verflossene letzte Jahr 12, so muss das nächste natürlich ein Schaltjahr sein; da aber im achten Jahre des Cyklus die Intercalation bei $\frac{18m}{19}$ eintritt, muss die Formel dahin abgeändert werden, dass der Rest 11 einem Schaltjahr vorangehe, oder besser, da man den Molad a berechnet, dass das Jahr selbst bei einem Reste von 12 embolismisch sei. Soviel wird genügen um die algebraische Formel Slonimski's[1]) nach Gebühr würdigen zu können. Will man den Molad Tischri 5633 = A berechnen, so verfahre man nach folgender Weise:

Man theile 7A — 6 durch 19 und nenne den Rest r; dann berechne man den Werth von

0,178117458A + 0,779654r + 0,2533747 und nenne ihn k.

Das Jahr A ist ein Gemeinjahr wenn r kleiner ist als 12, in jedem andern Falle ist es ein embolismisches. Den Charakter des Jahres erkennt man durch k; denn A ist

Gemeinjahre			Schaltjahre	
2 m oder	בח	wenn k $\geq$ als 0	und 2M	wenn k $\geq$ als 0
2 u	בש	0,090410	2U	0,157466
3 r	גב	0,285711	3R	0,285711
5 r	הב	0,376121	5M	0,428570
5 u	הש	0,661835	5U	0,533500
7 m	זח	0,714282	7M	0,714282
7 u	זש	0,804693	7U	0,871750

Die Tagesgrenzen sind hier mit Decimalbrüchen, deren Einheit die Woche ist, ausgedrückt, nur dass sie, wegen Vermeidung der bei בח entgegengesetzten Grenzen, um 0,0357142 = 6 Stunden vergrössert sind. Nun ist noch zu merken, dass wenn $r < 7$ bei 3 r, גב 0,271103, und wenn $r < 5$ auch bei 7 u, זש 0,752248 gesetzt werden muss.

---

[1]) Wir halten uns hier an die letzte, in seinem Jesode haibbur p. 21—25 gegebene Formel. Von der in Crelle's Journal (B. 28, p. 179) aufgestellten ist er selbst zurückgekommen. Auch Philipovski hat zwei algebraische Formeln aufgestellt, sie sind aber zu gekünstelt und schleppend. Vergl. [illegible] 1849 p. 85 und Zeitung des Judenthums 1846, p. 307 ff.

Die Ausführung der Aufgabe wird durch Tab. F mannigfach erleichtert, insofern unter J die Ueberschüsse des Jahres über die Wochen und unter K das Vielfache von r und der Molad Beharad als Summe zu finden sind.

Die Ueberschüsse für 5633 sind

Tab. F.

	J		K		
1	0,178117458	0	0,253374	10	0,033028
2	0,356249158	1	0,031340	11	0,810994
3	0,534352373	2	0,809306	12	0,588959
4	0,712469831	3	0,587271	12	0,366925
5	0,890587289	4	0,365236	13	0,144890
6	0,068704747	5	0,143201	14	0,922855
7	0,246822205	6	0,921167	15	0,700821
8	0,424939663	7	0,699132	16	0,478786
9	0,603057121	8	0,477098	18	0,256752
		9	0,255063		

5000 = 0,587289
6000 = 0,870474
30 = 0,343523
3 = 0,534352

2,335638

ferner giebt 7 × 5633 — 6 durch 19 dividirt 0 zum Rest, demnach ist zu 0,335638 Beharad = 0,253374 hinzuzugeben. Die Summe k ist 0,589012 d. h. das Jahr 5633 führt den Charakter 5r, es beginnt an einem Donnerstag und hat 354 Tage [1]).

III. Der Schaltcyklus.

Es liegt im Wesen des gebundenen Mondjahres, dass der Ausgleich zwischen den zwei verschiedenen Jahresformen nicht alljährlich, sondern erst nach einem grössern Zeitraume eintreten kann. Denn da die Monate Mondmonate sein müssen, so ist die Intercalation erst dann geboten, wenn die Ueberschüsse des Sonnenjahres ungefähr einen Mondmonat ausmachen. In einem constanten Kalender gilt es daher in erster Reihe, den Zeitraum abzugrenzen, in welchem der Sonnen- und Mondlauf sich ausgleichen, mit welchem das Sonnenjahr und der Mondmonat zugleich zu Ende gehen. Hat man nun, auf welche Weise immer, einen solchen Zeitraum gefunden, so braucht man nur die Anzahl der demselben entsprechenden Monate durch 12 zu dividiren, um zu wissen, wie die einzuschaltenden Monate sich zu dem Jahre des Cyklus verhalten. Im Quotienten ist die Anzahl der Jahre, die einen Cyklus ausmachen, und im Rest der Division die Anzahl der Monate gegeben, durch welche das Mondjahr gebunden wird. Seit Meton galt es als feststehend, dass 235 Mondmonate 19 Sonnenjahren bis auf eine Kleinigkeit entsprechen. 235 : 12 giebt

[1]) Ueber den Werth der Decimalbrüche bei der Moladberechnung vergl. Zuckermann's Beiträge zur Chronologie in Frankel's Monatsschr. 1856, p. 182 ff.

10 zum Quotienten und 7 zum Rest. Auf dieses Verhältniss ist auch unser Kalender basirt. Wir wollen uns daher keineswegs überreden, dass die Begründer unserer constanten Zeitrechnung von dem Meton'schen Cyklus nichts gehört und gewusst; im Gegentheil halten wir es für mehr als wahrscheinlich, dass sie, in der Meinung, der Ausgleich sei nicht blos annähernd, sondern in Wirklichkeit völlig erzielt, von der Anzahl der Monate auf die Länge des tropischen Jahres einen Rückschluss gemacht. Nur gegen das Eine wollten wir uns von vornherein verwahren, als hätten unsere Vorfahren die mittlere Länge des synodischen Monates durch das Medium des Meton'schen Cyklus gefunden. Das Schwankende der Monatsdauer, selbst noch gegen Ende des zweiten Jahrhunderts, ist der untrüglichste Beweis dafür, dass der Kalenderrath selbstständig und selbstthätig vorgegangen, wie denn auch der Umstand, dass das Adda'sche Jahr um 13" grösser ist, als Ptolemäus es angiebt, jene Ansicht widerlegt, welche die Begründer unseres Kalenders zu Schülern dieses Astronomen macht. Und merkwürdig, gerade diejenigen, welche die mittlere Monatsdauer wie die unserem Kalender zu Grunde liegenden Epochen der Moledoth und Tekuphoth als von den Alexandrinern entlehnt betrachten, gerade sie wollen die Einführung der Adda'schen Tekupha in unsern Kalender auf sieben Jahrhunderte später verlegen. Da müssen wir doch viel eher annehmen, dass unsere Vorfahren sich jedem fremden Einfluss gänzlich verschlossen, als dass wir zugeben könnten, sie hätten nur Halbheiten acceptirt. Wäre unseren jüdischen Chronologen der Almagest bekannt gewesen, wahrlich sie hätten weder die Samuel'sche noch die Adda'sche Tekupha unserem Kalender zu Grunde gelegt. Das Institut der Beobachtung war ihre astronomische Schule. Nur durch hundertjährige Erfahrungen vermochten sie, wie wir im ersten Theile unserer Arbeit ausführlich gezeigt, die mittlere Länge des synodischen Monates allmälig zu eruiren; und von der Genauigkeit des auf diesem Wege gefundenen Resultates waren sie so fest überzeugt, dass sie wahrscheinlich auch die Länge des tropischen Jahres dadurch bestimmen zu können glaubten. Deshalb halten wir auch fest an der Ansicht, dass die Adda'sche Tekupha so alt sei wie die Monatsdauer, auf welche unser Kalender basirt ist. Beide, die Länge des Jahres von 365d 5h 997ch 48rg, und die mittlere Länge des synodischen Monates sind zu gleicher Zeit in die mittlere Berechnung eingeführt worden.

Aber nicht nur die Anzahl, sondern auch die Reihenfolge der Schaltmonate im Cyklus ist durch das Verhältniss des Mondjahres zum Sonnenjahr begründet. Das Sonnenjahr besteht aus $^{235}/_{19}$m gleich $12\frac{7}{19}$ m, mithin bleibt das Mondjahr jährlich um $\frac{7m}{19}$ hinter dem Sonnenjahr zurück, und aus diesem Grunde sind jene Jahre, in welchen diese Differenz zu einem Monat angewachsen ist, Schaltjahre. Da aber, wie wir schon wissen, der erste Molad einige Stunden nach der ersten Tekupha stattgefunden, mithin auch der wirkliche Ausgleich nicht am Ende, sondern in der Mitte des Cyklus stattfindet, so wird das 8. Jahr, obgleich es, vom Anfang des Cyklus gerechnet, mit $^{16}/_{19}$m hinter dem Sonnenjahr zurück ist, doch ein Schaltjahr sein. Demnach gilt die Regel, dass alljene Jahre, in welchen der Ueberschuss des Sonnenjahres $^{18}/_{19}$m oder mehr beträgt, Schaltjahre sind. Creizenach hat eine Formel aufgestellt, vermittelst welcher man die Schaltjahre im Cyklus sehr leicht erkennen kann. Bezeichnet man die Zahl im Cyklus durch n, so wird das Jahr ein embolismisches sein, wenn zwischen $7n + 1$ und $7n - 6$, die erste Grenze mit inbegriffen, eine Zahl durch 19 theilbar ist. So wird z. B. das 10. Jahr nicht vergrössert, weil zwischen $7 \times 10 + 1$ und $7 \times 10 - 6$, zwischen 71 und 64, keine einzige Zahl durch 19 theilbar ist; dagegen wird wohl das achte Jahr ein Schaltjahr sein, weil zwischen $7 \times 8 + 1$ und $7 \times 8 - 6$ 57 und 50, erstere durch 19 theilbar ist. Zugleich erfährt man auch durch den Quotienten, das wievielte Schaltjahr n im Cyklus ist[1]). Auf diese Weise entstand die Reihenfolge Guchadsat der Schaltjahre im Cyklus, גוח אדזט, d. h. das 3., 6., 8., 11., 14., 17. und 19. Jahr zählen 13 Monate. Diese Reihenfolge ist durch den Anfang des Cyklus bedingt; wenn wir demnach auch andere Schaltordnungen vorfinden, so rührt dies nur daher, weil man den Cyklus

[1]) Annalen 1840 p. 131. Der Cyklus, sagt Cr., ist so eingerichtet, dass nach dem achten Jahr durch den Schaltmonat aller Unterschied zwischen den 19 Sonnenjahren und 19 Mondjahren seit dem Beginn vom 9. Jahre des vorigen Cyklus vollkommen ausgeglichen ist. Nach dem 9. Jahre ist nun das Ende des Mondjahres wieder hinter dem des Sonnenjahres zurück, und zwar um $^{7}/_{19}$ Monate. Nach dem 10. Jahre ist man um $^{14}/_{19}$ zurück und man hat nicht nöthig, einen Monat einzuschalten. Nach dem 11. Jahre ist man nun $^{21}/_{19}$ zurück, man macht daher einen Schaltmonat und bleibt zurück um $^{2}/_{19}$. Am Ende des 19. Jahres ist man um $^{1}/_{19}$ zurück, deshalb wäre man nach n Jahren, wenn keine Monate eingeschaltet würden, um $\frac{7n+1}{19}$ zurück und nach dem vorangehenden Jahre wäre man um $\frac{7(n-1)+1}{19} = \frac{7n-6}{19}$ zurück gewesen. Ist also zwischen $7n + 1$ und $7n - 6$ eine Zahl durch 19 theilbar, so erkennt man dadurch, dass man im Laufe des Jahres um einen ganzen Monat zurückgekommen ist, und es muss ein Monat eingeschaltet werden." Die Einwürfe die ein gewisser Rosenthal (l. c. 217) gegen diese Formel erhoben, verdienen gar keine Erwähnung. Vergl. über diese Formel ib. p. 344.

auf verschiedene Weise begonnen. Wir wollen der Vollständigkeit halber die vier verschiedenen Schaltordnungen hier zusammenstellen.

Nach Meton	3	5	8	11	13	16	19	גהח אגוט
nach R. Elieser	3	5	8	11	14	16	19	גהח אדוט
nach den Chachamim	3	6	8	11	14	16	19	גוח אדוט
nach R. Gamaliel	3	6	8	11	14	17	19	גוח אדזט [1]).

Wenn aber auch die 7 Schaltmonate des Cyklus dazu bestimmt sind, den Ausgleich der verschiedenen Jahresformen zu bewerkstelligen, so ist das angestrebte Ziel doch nur annähernd, nicht aber ganz erreicht. Von einem wirklichen Ausgleich kann schon aus dem Grunde keine Rede sein, weil ja die Mondcykeln selbst von veränderlicher Grösse sind; durch die Dechijoth nämlich prävaliren die überschüssigen Jahre vor den mangelhaften, so dass sie bald um 3, bald um 4 und 5 die Anzahl der mangelhaften übersteigen. Daher rührt auch die veränderliche Länge des Mondcyklus, der bald 3639, bald 3640, zuweilen gar 3641 Tage zählt. Schon die alten Chronologen fühlten diese Unebenheit, und sie beruhigten sich über dieses Schwanken bei dem Gedanken, dass nach 13 Mondcykeln, d. h. nach 247 Jahren, ein möglichst genauer Ausgleich eintritt. Ja, man ging in dieser Behauptung so weit, anzunehmen, dass in dem unter dem Namen Iggul des R. Nachschon Gaon (881—89) bekannten grossen Cyklus alle Conjunctionen sich in derselben Ordnung wiederholen. Dem ist aber nicht so! Denn in diesem Falle müsste ja der Moladcharakter des Dreizehn-Machsor-Cyklus 0 sein. 13 mal 2d 16h 595ch giebt 34d 23h 175ch oder als Moladcharakter 6d 23h 175ch; anstatt dessen können wir aber, wie schon oben Seite 50 Note 1 bemerkt, den ihn zu einer Woche completirenden negativen Moladcharakter 905ch nehmen, so dass die Moledoth in jedem grossen Cyklus um diesen Zeittheil zurücktreten. Natürlich wird der Charakter der Jahre hierdurch nicht alterirt, weil die Tagesgrenzen doch ziemlich weit von einander liegen, und dieser Umstand allein hat den Irrthum erzeugt, dass auch die Conjunctionen dieselben bleiben. Nehmen wir beispielsweise an, der erste Molad irgend eines Cyklus sei 2d 15h 588ch gewesen, so können 55 grosse Cykeln vorübergehen, bis der Neujahrstag von Montag auf Sonnabend zurücktritt, weil die Distanz der Tagesgrenzen für diesen Rosch-haschanah 7d 18h — 2d 15h 588ch 55 × 905ch ausmacht, ebenso müssen 22 grosse Cykeln verstreichen, wenn Neujahr eines Machsor's bei

[1]) Israeli l. c. 63b, Steinschneider [illegible] p. 35 und Creizenach Annalen 1840 p. 940.

dem Molad 3d 9h 203ch auf Dienstag fällt, bis Rosch haschanah auf Montag zurücktritt. Man sieht also, dass man die Tagesgrenze durch 905 zu dividiren hat, um zu erfahren, mit welchem Cyklus der Jahrescharakter eine Veränderung erleidet. Nun wollen wir zeigen, wie man von diesem Gedanken ausgehend einen immerwährenden Kalender anlegen kann [1]).

Mit dem Molad Tischri des ersten Jahres eines Cyklus sind nicht allein die Moledoth, sondern auch die wirklichen Jahresanfänge sämmtlicher 19 Jahre des Cyklus gegeben. Nehmen wir nun für den ersten Molad Tischri des Cyklus die äusserste Grenze 7d 18h 0ch an, so ist die Reihenfolge wie sie Tab. G giebt. Wenn nun der Molad des ersten Jahres von 7d 18h 0ch sich continuirlich durch alle 7 Wochentage fortbewegt, bis er wieder auf seine frühere Stelle zurückgelangt, so werden auch alle übrigen Moledoth diese continuirliche Bewegung mitmachen, bis sie wieder ihre erste Stelle annehmen. Aber nur die Conjunctionen ändern sich mit jedem Machsor, nicht aber die wirklichen Jahresanfänge. Der Neujahrstag ändert sich nur dann, wenn der Molad irgend eines Jahres seine Tagesgrenze erreicht. Da nun die Conjunction jedes der zwanzig Jahre seine 4 Tagesgrenzen, auf die es hier ankommt, zu passiren hat, so werden, während der Molad des ersten Jahres die 7 Wochentage durchläuft, im Ganzen 80 Veränderungen der Anfangstage vorkommen. Nun ereignet sich aber, dass von diesen 80 Veränderungen 19 mal 2 in demselben Momente eintreten, indem jedes Jahr einmal mit dem ihm folgenden zugleich eine Tagesgrenze erreicht. Es bleiben mithin nur 61 Veränderungen übrig [2]). Die Grenzen dieser Veränderungen findet man, indem man den Molad

Tab. G.

	Molad			Char
1	7d	18h	0ch	2m
2	5	2	876	5r
*3	2	11	672	3U
4	1	9	181	2m
5	5	17	1057	5n
*6	3	2	853	3R
7	2	0	362	3n
*8	6	9	158	7M
9	5	6	747	5r
10	2	15	543	2n
*11	7	0	339	7C
12	5	21	928	7m
13	3	6	724	3r
*14	7	15	520	7U
15	6	13	29	7
16	3	21	905	5r
*17	1	6	701	2M
18	7	4	210	7n
*19	4	13	6	5U
20	3	10	595	

[1]) Wir verweisen auf Jesod Olam p. 21b, ferner auf Berl Goldberg's „chronologische Tafeln" und auf Pr. Nesselmann's Beiträge (Crelle, B. 28, p. 32—80). Besonders letztere legen wir unserer Darstellung zu Grunde.

[2]) Die Conjunctionen, bei denen zwei aufeinanderfolgende Jahre zugleich eine Tagesgrenze erreichen entsprechen folgenden Stellenzahlen: 4, 9, 10, 13, 14, 19, 24, 25, 29, 30, 34, 35, 39, 40, 43, 45, 48, 54, 58. Vergl. die Tabellen H. und K.

jedes Jahres aus Tab. G von den 4 Tagesgrenzen subtrahirt. Die 80 Reste, die auf 61 zusammenschmelzen, werden nach ihrer Grösse geordnet und zu 7d 18h 0ch addirt. So entstand Tab. H. Hieraus

Tab. H.

N	Molad des 1. Jahres im Cyklus			j	N	Molad des 1. Jahres im Cyklus			j
1	7d	18h	0ch	1	32	4d	9h	922ch	8
2	7	18	23	5	33	4	11	718	7
3	7	20	537	10	34	4	11	741	11. 12
4	7	20	560	13. 14	35	4	14	175	15. 16
5	1	0	408	3	36	4	18	23	5
6	1	5	333	9	37	5	1	485	20
7	1	7	870	18	38	5	2	699	4
8	1	9	204	2	39	5	2	922	8. 9
9	1	9	227	6. 7	40	5	5	856	12. 13
10	1	11	741	10. 11	41	5	5	879	17
11	1	22	1051	15	42	5	9	204	2
12	1	22	1074	19	43	5	9	227	5. 6
13	2	0	408	3. 4	44	5	18	0	1
14	2	2	922	7. 8	45	5	20	537	9. 10
15	2	5	879	17	46	5	20	560	14
16	2	14	152	12	47	5	22	1074	19
17	2	14	175	16	48	6	0	408	2. 3
18	2	15	589	1	49	6	7	870	18
19	2	18	23	4. 5	50	6	11	718	7
20	2	20	560	14	51	6	11	741	11
21	3	1	485	20	52	6	14	175	16
22	3	5	333	9	53	6	22	1051	15
23	3	5	356	13	54	6	22	1074	19. 20
24	3	5	879	17. 18	55	7	2	699	4
25	3	9	204	1. 2	56	7	2	922	8
26	3	9	227	6	57	7	5	856	13
27	3	11	741	11	58	7	5	879	16. 17
28	3	20	537	10	59	7	9	227	6
29	3	20	560	14. 15	60	7	14	152	12
30	3	22	1074	18. 19	61	7	16	689	20
31	4	0	408	3					

ersieht man, dass es im Ganzen 61 verschiedene Cykeln giebt, zugleich erkennt aus der unter j stehenden Zahl, welche Jahre im Cyklus bei dem daneben stehenden Uebergangsmoment des ersten Jahres ihren Anfangstag verändern resp. auf den morgenden Tag vorrücken. Unterzieht man sich nun der Mühe, jeden dieser 61 Uebergangsmomente so auszuführen, wie die Tab. G zeigt, so hat man einen immerwährenden Kalender; man braucht nur den Molad des

Tab. J.

			C	0 0 0	3d 16h 360ch	5d 9h 110ch	1d 7h 705ch	3d 18h 220ch	6d 12h 815ch	2d 3h 300ch	4d 18h 925ch	7d 10h 140ch	3d 4h 1035ch	6d 21h 530ch	1d 1h 85ch	4d 6d 1150ch
D			A	0	19	38	57	76	95	114	133	152	171	190	209	228
20d	5h	204ch	0	14	36	60	24	47	10	32	54	18	43	5	27	51
2	4	379	247	"	"	59	"	46	"	"	"	"	"	"	"	49
2	3	554	494	"	"	"	21	"	"	"	"	"	41	"	"	"
2	2	729	741	13	"	"	"	"	"	"	52	17	"	4	"	"
2	1	904	988	"	"	"	"	44	"	"	"	"	"	"	"	"
2	0	1079	1235	"	35	"	"	"	"	"	"	15	"	"	"	48
2	0	171	1482	12	"	"	"	"	9	"	"	"	39	"	"	"
1	23	349	1729	"	"	58	20	45	"	31	"	"	"	"	"	"
1	22	524	1976	10	"	"	"	"	"	"	"	"	"	2	"	"
1	21	699	2213	"	"	"	"	"	7	"	"	"	37	"	"	"
1	20	874	2470	"	34	"	"	"	6	30	"	"	"	"	26	"
1	19	1049	2717	"	"	56	"	"	"	"	"	"	36	61	"	"
1	19	144	2964	"	33	"	"	"	"	29	"	"	"	"	25	"
1	18	319	3211	"	32	"	19	"	5	"	51	"	"	60	24	"
1	17	494	3458	"	"	54	"	"	"	"	"	"	"	"	"	47
1	16	669	3705	"	"	"	"	"	"	27	"	14	"	59	"	"
1	15	844	3952	"	"	"	18	"	"	"	49	"	"	"	"	46
1	14	1019	4199		"	"	"	41	"	"	"	"	"	"	21	"
1	14	114	4446	"	"	"	"	"	"	"	"	13	"	"	"	"
1	13	289	4693	"	"	52	17	"	4	"	"	"	"	"	"	44
1	12	464	4940	"	"	"	15	"	"	"	"	"	35	"	"	"
1	11	639	5187	9	"	"	"	"	"	"	48	12	"	58	"	"
1	10	814	5434	"	"	"	"	39	"	"	"	"	"	"	20	43
1	9	989	5681	"	31	"	"	"	"	"	"	10	"	"	"	"
1	9	84	5928	7	"	"	"	"	2	"	"	"	34	"	"	"
1	8	259	6175	"	"	"	"	37	"	26	"	"	"	"	"	"
1	7	434	6422	6	30	"	"	"	"	"	"	"	"	56	"	"
1	6	609	6669	"	"	"	"	36	61	"	"	"	32	"	"	"
1	5	784	6916	"	29	"	"	"	60	24	"	"	"	"	19	"
1	4	959	7163	5	"	51	"	"	"	"	"	"	"	54	"	"
1	4	54	7410	"	"	"	"	"	"	"	47	"	"	"	"	"

Tab. X.

	1	2	*3	4	5	*6	7	*8	9	10	*11	12	13	*14	15	16	*17	18	*19
1	2m3	5r7	2U7	2m3	5u1	3R7	2u5	7M3	5r7	2u5	7U5	7m1	3r5	7U5	7u3	5r7	2M5	7u3	5U3
2	.	.	.	2u5	7m1	.	.	.	.	.	.	.	.	.	.	.	.	.	.
3	.	.	.	.	.	.	.	.	5u1	3r5	.	.	.	.	.	.	.	.	.
4	.	.	.	.	.	.	.	.	.	.	.	7u3	5r7	2M5	.	.	.	.	.
5	.	5u1	3R7	.	.	.	.	.	.	.	.	.	.	.	.	.	.	.	.
6	.	.	.	.	.	.	.	7U5	7m1	.	.	.	.	.	.	.	.	.	.
7	.	.	.	.	.	.	.	.	.	.	.	.	.	.	.	.	2U7	2m3	.
8	2u5	7m1	.	.	.	.	.	.	.	.	.	.	.	.	.	.	.	.	.
9	.	.	.	.	7u3	5M1	3r5	.	.	.	.	.	.	.	.	.	.	.	.
10	.	.	.	.	.	.	.	.	7u3	5r7	2M5	.	.	.	.	.	.	.	.
11	.	.	.	.	.	.	.	.	.	.	.	.	.	2U7	2m3	.	.	.	.
12	.	.	.	.	.	.	.	.	.	.	.	.	.	.	.	.	.	2u5	7M3
13	.	7u3	5M1	3r5	.	.	.	.	.	.	.	.	.	.	.	.	.	.	.
14	.	.	.	.	.	5U3	5r7	2M5	.	.	.	.	.	.	.	.	.	.	.
15	.	.	.	.	.	.	.	.	.	.	.	.	.	.	.	5u1	3R7	.	.
16	.	.	.	.	.	.	.	.	.	.	2U7	2m3	.	.	.	.	.	.	.
17	.	.	.	.	.	.	.	.	.	.	.	.	.	.	2u5	7m1	.	.	.
18	3r5	.	.	.	.	.	.	.	.	.	.	.	.	.	.	.	.	.	.
19	.	.	5U3	5r7	2m3	.	.	.	.	.	.	.	.	.	.	.	.	.	.
20	.	.	.	.	.	.	.	.	.	.	.	.	5u1	3R7	.	.	.	.	.
21	.	.	.	.	.	.	.	.	.	.	.	.	.	.	.	.	.	.	7U5
22	.	.	.	.	.	.	.	2U7	2m3	.	.	.	.	.	.	.	.	.	.
23	.	.	.	.	.	.	.	.	.	.	.	2u5	7m1	.	.	.	.	.	.
24	.	.	.	.	.	.	.	.	.	.	.	.	.	.	.	7u3	5M1	3r5	.
25	5r7	2m3	.	.	.	.	.	.	.	.	.	.	.	.	.	.	.	.	.
26	.	.	.	.	2u5	7M3	.	.	.	.	.	.	.	.	.	.	.	.	.
27	.	.	.	.	.	.	.	.	.	5u1	3R7	.	.	.	.	.	.	.	.
28	.	.	.	.	.	.	.	.	2u5	7m1	.	.	.	.	.	.	.	.	.
29	.	.	.	.	.	.	.	.	.	.	.	.	7u3	5M1	3r5	.	.	.	.
30	.	.	.	.	.	.	.	.	.	.	.	.	.	.	.	.	5U3	5r7	2M5
	1	2	*3	4	5	*6	7	*8	9	10	*11	12	13	*14	15	16	*17	18	*19

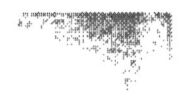

Tab. K.

	1	2	*3	4	5	*6	7	*8	9	10	*11	12	13	*14	15	16	*17	18	*19
31	5r7	2=5	7m3	5r7	2=5	7m3	5r7	2U7	2=5	7m1	3m7	2=5	7=3	5m1	3r5	7=3	5U3	5r7	2m5
32	·	·	·	·	·	·	5=1	3m7	·	·	·	·	·	·	·	·	·	·	·
33	·	·	·	·	·	7U5	7m1	·	·	·	·	·	·	·	·	·	·	·	·
34	·	·	·	·	·	·	·	·	·	7=3	5m1	3r5	·	·	·	·	·	·	·
35	·	·	·	·	·	·	·	·	·	·	·	·	·	5U3	5r7	2m3	·	·	·
36	·	·	·	5=1	3r5	·	·	·	·	·	·	·	·	·	·	·	·	·	·
37	·	·	·	·	·	·	·	·	·	·	·	·	·	·	·	·	·	·	2U7
38	·	·	7U5	7m1	·	·	·	·	·	·	·	·	·	·	·	·	·	·	·
39	·	·	·	·	·	·	7=3	5m1	3r5	·	·	·	·	·	·	·	·	·	·
40	·	·	·	·	·	·	·	·	·	·	5U3	5r7	2m3	·	·	·	·	·	·
41	·	·	·	·	·	·	·	·	·	·	·	·	·	·	·	2=5	7m3	·	·
42	5=1	3r5	·	·	·	·	·	·	·	·	·	·	·	·	·	·	·	·	·
43	·	·	·	7=3	5r7	2m5	·	·	·	·	·	·	·	·	·	·	·	·	·
44	7m1	·	·	·	·	·	·	·	·	·	·	·	·	·	·	·	·	·	·
45	·	·	·	·	·	·	·	4U3	5r7	2m3	·	·	·	·	·	·	·	·	·
46	·	·	·	·	·	·	·	·	·	·	·	·	2=5	7m3	·	·	·	·	·
47	·	·	·	·	·	·	·	·	·	·	·	·	·	·	·	·	·	5=1	3m7
48	7=3	5r7	2m5	·	·	·	·	·	·	·	·	·	·	·	·	·	·	·	·
49	·	·	·	·	·	·	·	·	·	·	·	·	·	·	·	·	7U5	7m1	·
50	·	·	·	·	·	2U7	2m3	·	·	·	·	·	·	·	·	·	·	·	·
51	·	·	·	·	·	·	·	·	·	2=5	7m3	·	·	·	·	·	·	·	·
52	·	·	·	·	·	·	·	·	·	·	·	·	·	·	5=1	3r5	·	·	·
53	·	·	·	·	·	·	·	·	·	·	·	·	·	7U5	7m1	·	·	·	·
54	·	·	·	·	·	·	·	·	·	·	·	·	·	·	·	·	·	7=3	5m1
55	·	·	2U7	2m3	·	·	·	·	·	·	·	·	·	·	·	·	·	·	·
56	·	·	·	·	·	·	2=5	7m3	·	·	·	·	·	·	·	·	·	·	·
57	·	·	·	·	·	·	·	·	·	·	·	5=1	3r5	·	·	·	·	·	·
58	·	·	·	·	·	·	·	·	·	·	·	·	·	·	7=3	5r7	2m5	·	·
59	·	·	·	·	5=1	3m7	·	·	·	·	·	·	·	·	·	·	·	·	·
60	·	·	·	·	·	·	·	·	·	·	7U5	7m1	·	·	·	·	·	·	·
61	·	·	·	·	·	·	·	·	·	·	·	·	·	·	·	·	·	·	5U3
	1	2	*3	4	5	*6	7	*8	9	10	*11	12	13	*14	15	16	*17	18	*19

ersten Cyklusjahres zu wissen, um sofort den Molad und den Charakter des Jahres zu erfahren. In Tab. K (p. 82, 83) findet man eine solche Ausführung. Es handelt sich also jetzt nur darum, wie man den Molad auf eine sehr leichte Weise finden kann. Tab. J giebt den Molad des ersten Jahres vom Cyklus direct. In der Horizontalreihe stehen die Conjunctionen der ersten 13 Perioden, die man durch die successive Addition der Zahlen 2d 16h 595ch zu dem constanten Anfangspunkt 2d 5h 204ch gewinnt. In der Verticalcolumne stehen die Moladoth der 13 Machsorcykeln, die man, wie schon bemerkt, dadurch gewinnt, dass man von jedem vorhergehenden 905ch subtrahirt. Der Molad für das erste Jahr im Machsor ist also B+C.

Mit Hilfe der zwei Tabellen J, j findet man jedweden Molad für den Anfang des Jahres auf folgende Weise. Man subtrahire von der Jahreszahl die zunächst kleinere Zahl, die in Tab. J unter A steht und notire den unter B stehenden Molad; von dem Reste subtrahirt man ferner die nächst kleinere Zahl, die rechts von A steht und schreibt den über derselben stehenden Molad unter den erst notirten, den zweiten Rest sucht man in Tab. j links und schreibt den unter D stehenden Molad unter die ersten; so ist die Summe von B+C+D die Conjunction eines gegebenen Jahres im Cyklus, wie B+C der erste Molad des Cyklus ist.

Tab. J.

	D		
1	0d	0h	0ch
2	4	8	876
*3	1	17	672
4	7	15	161
5	4	23	1067
*6	2	8	853
7	1	6	362
*8	5	15	158
9	4	12	747
10	1	21	548
*11	6	6	339
12	5	3	928
13	2	12	724
*14	6	21	520
15	5	19	29
16	3	3	905
*17	7	12	701
18	6	10	210
*19	3	19	6

Will man nun den Charakter irgend eines Jahres wissen, so berechne man zunächst den Molad für den Anfang des Cyklus, in welchem das gesuchte Jahr liegt; sodann suche man in Tab. H den diesem Molad entsprechenden Uebergangsmoment auf, mit diesem sucht man in Tab. K den Charakter des Cyklus und in der Horizontalspalte den des Jahres selbst. So finden wir für den Anfang des laufenden Cyklus den Molad 7d 8h 284ch; dieser Molad entspricht dem Uebergangsmoment der 58 Stellenzahl. Unter 58 finden wir in Tab. K für das erste Jahr des Cyklus 7u, für das laufende 8. Jahr 7M, für das nächste 5r u. s. w. Man braucht übrigens die Stellenzahl des Uebergangsmomentes nicht erst aus der Tab. H zu nehmen; man findet dieselbe auch in der Tab. J und zwar in dem Fonds, wo sich die Daten des Molads in der Horizontalspalte berühren. Der 1. Molad des nächsten Cyklus, d. i. des Jahres 5644 wird sein 3d 0h 879ch. Dieser entspricht dem Uebergangsmomente der 20. Stellenzahl; mithin findet man in Tab. K unter 20 die Charaktere der 19 Jahre im Cyklus, und zwar 3r, 7u, 5U, 5r. 2m, 5U, 5r, 2M, 7u, 5r, 2U, 2m, 5u, 3R, 2u, 7m, 3R, 2u, 7M. Hat man den Neujahrstag und die Jahreslänge gefunden, so kann es nicht schwer fallen, den Kalender fürs ganze Jahr zu berechnen. In Tab. K giebt die erste Zahl den Neujahrstag, der Buchstabe die Jahreslänge und die zweite Zahl den ersten Tag des Pessachfestes.

Den Wochentag irgend eines gegebenen Datums kann man, wenn der Charakter des Jahres bekannt ist, aus Tab. L. auf folgende Weise bestimmen. Man suche in der Rubrik, die das Charakterzeichen des betreffenden Jahres trägt, den Monat auf, addire das Datum zu der Zahl, welche den dem ersten Tage des Monats vorangehenden Wochentag bezeichnet, hinzu und dividire die Summe durch 7, der Rest giebt den Wochentag des Monatsdatums.

Tab. L.

	2m	2u	2M	2U	3r	3R	5r	5u	5M	5U	7m	7u	7M	7U	Gem.J.	λ Schaltj.
Tischri	1	1	1	1	2	2	4	4	4	4	6	6	6	6	0	0
Marcheschw.	3	3	3	3	4	4	6	6	6	6	1	1	1	1	30	80
Kislew	4	5	4	5	5	5	7	1	7	1	2	3	2	3	59	59
Tebeth	5	7	5	7	7	7	2	3	1	3	3	5	3	5	89	80
Schebath	6	1	6	1	1	1	3	4	2	4	4	6	4	6	118	118
Adar I	1	3	1	3	3	3	5	6	4	6	6	1	6	1	148	148
Adar II	=	—	3	5	—	5	—	—	6	1	—	—	1	3	—	178
Nisan	2	4	4	6	4	6	6	7	7	2	7	2	2	4	177	207
Ijar	4	6	6	1	6	1	1	2	2	4	2	4	4	6	207	237
Sivan	5	7	7	2	7	2	2	3	3	5	3	5	5	7	236	266
Thamus	7	2	2	4	2	4	4	5	5	7	5	7	7	2	266	296
Ab	1	3	3	5	3	5	5	6	6	1	6	1	1	3	295	325
Elul	3	5	5	7	5	7	7	1	1	3	1	3	3	5	325	355

So war beispielsweise Simchath Thorah des Jahres 5562, dessen Charakter 5r war, an einem Freitag.

Zum Schluss wollen wir noch zeigen, auf welche Weise man ein jüdisches Datum auf ein julianisches rep. christliches reduciren kann. Zu diesem Zwecke muss man in erster Reihe den Wochentag des jüdischen Monatsdatums wissen. Man berechne denselben wie gezeigt, und merke sich nebenbei die Stellenzahl des Jahres im Mondcyklus. Wäre das jüdische Jahr in seiner Dauer dem julianischen gleich, so wäre das Verfahren ein sehr einfaches. In Tab. M findet man unter a den Jahrestag des jüdischen Kalenders vom ersten

Januar gezählt, der dem Rosch haschanah in den ersten 19 Jahren des jüdischen Kalenders voranging; addirt man zu dieser Zahl 1, so hat man den entsprechenden Jahresanfang im julianischen Kalender;

Tab. M.

	0	—	1	2	3	4	—	
	5	6	7	8	—	9	10	
	11	12	—	13	14	15	16	
	—	17	18	19	20	—	21	
	22	23	24	—	25	26	27	β
August	2	3	4	5	6	7	1	212
September	5	6	7	1	2	3	4	243
Oktober	7	1	2	3	4	5	6	273
November	3	4	5	6	7	1	2	304
December	5	6	7	1	2	3	4	334
Januar	1	2	3	4	5	6	7	365
Februar	4	5	6	7	1	2	3	396
März	4	5	6	7	1	2	3	424
April	7	1	2	3	4	5	6	455
Mai	2	3	4	5	6	7	1	485
Juni	5	6	7	1	2	3	4	516
Juli	7	1	2	3	4	5	6	546
August	3	4	5	6	7	1	2	—

	α
1	279
2	268
*3	257
4	276
5	265
*6	254
7	273
*8	262
9	281
10	270
*11	259
12	278
13	267
*14	256
15	275
16	264
*17	253
18	272
*19	261

γ	Tag
315	1
629	2
944	3
1259	4
1573	5
1888	6
2203	7
2517	8
2832	9
3147	10
3461	11
3776	12
4091	13
4405	14
4720	15
5035	16
5349	17
5664	18
5979	19
6293	20
6608	21

wir brauchten also nur die unter β stehende nächste kleinere Zahl von α + 1 zu subtrahiren, um das julianische Monatsdatum für jedweden Rosch haschanah des Cyklus zu finden. Da aber das Verhältniss des jüdischen Jahres zum julianischen theils durch die verschiedenen Jahreslängen in unserem Kalender, theils dadurch, dass 314—315 jüdische Jahre um einen Tag kleiner sind als eben so viele julianische Jahre, ein veränderliches ist, müssen auch diese Momente in Betracht kommen. Kennt man nun die Stellenzahl des Jahres im Mondcyklus, so suche man die unter α entsprechende Zahl auf, diese notire man, ferner notire man die in Tab. L. unter λ neben dem gegebenen Monat steht, und addire diese wie auch den in Frage stehenden Monatstag zu der früher aufgezeichneten Zahl. Nun sehe man, um wie viel ganze Tage der jüdische Kalender hinter dem julianischen zurück ist; diese Differenz giebt die Rubrik γ rechts; die dem gegebenen Jahr entsprechenden Tage ziehe man von der erhaltenen Summe ab und von diesem Ueberschuss die nächst kleinere

Zahl unter β. Der Rest ist das julianische Datum des Monats, neben welchem die nächst kleinere Zahl unter β gefunden wird. Doch ist dieser letzte Rest nicht schlechthin, sondern nur in dem Falle das gesuchte Monatsdatum, wenn sein Wochentag dem des jüdischen Monatsdatums entspricht. Den Wochentag des julianischen Monatsdatums findet man auf folgende Weise; man suche die Stellenzahl des jüdischen Jahres im Sonnencyklus — wie dies geschieht, ist bereits oben gezeigt worden — und sehe welche Zahl¹) ihr in Tab. M bei dem gefundenen Monat entspricht; diese addirt man zu dem julianischen Monatsdatum und dividirt die Summe durch 7, der Rest giebt den Wochentag des julianischen Datums. Fällt dieser mit dem des jüdischen zusammen, so ist das julianische Datum genau; im widrigen Falle muss dasselbe um 1 oder 2 Tage vergrössert werden, bis sein Wochentag mit dem Wochentag des jüdischen Monatsdatums übereinstimmt.²) Wir wollen nun an einigen Beispielen sehen, wie sich die Methode bewährt.

1. Welches julianische Monatsdatum entspricht dem 11. Kislev 5632?

Wir suchen zuvörderst den Wochentag, welcher diesem Datum entspricht in Tab. L; dort finden wir unter 7 M, dem Charakterzeichen des laufenden Jahres, bei Kislev die Zahl 2; 2 + 11 getheilt durch 7 giebt 6 zum Rest; also ist der 11. Kislev ein Freitag. Das Jahr ist das 8te im Mondcyklus, neben 8 finden wir unter α 262 d. Zu dieser Zahl geben wir die in Tab. L unter λ neben Kislev stehende Zahl 59 und endlich das verlangte Monatsdatum, 262 + 59 + 11 = 332. Von dieser Summe ziehen wir die Anzahl Tage ab, um welche der jüdische hinter dem julianischen Kalender zurückgeblieben ist; dem gegebenen Jahre 5632 finden wir unter γ 17 entsprechend, diese ziehen wir von 332 ab, und von dem Reste subtrahiren wir die unter β stehende nächst kleinere Zahl. 315 — 304 = 11. November; nun sehen wir aber auch, auf welchen Wochentag der 11. November alten Styls fällt; 5632 ist das 4. im Sonnencyklus; der Zahl 4 entspricht neben November 1, 11 + 1 = 12, 12 giebt durch 7 getheilt 5 zum Rest. Da nun der 11. November auf Donnerstag, der 11. Kislev auf Freitag fällt, so kann nur der 12. November dem 11. Kislev entsprechen. Der 12. November alten Styls oder der 24. November 1872 = 11. Kislev 5632.

---

¹) Hier ist jedoch zu bemerken, dass die Zahlen nur für Gemeinjahre gelten, in Schaltjahre sind die Zahlen von März an um 1 zu vermehren.

²) Das entsprechende Jahr des christlichen Kalenders findet man dadurch, dass man 3760 resp. 3761 von der Weltära subtrahirt.

2. Welches julianische Datum wird dem Rosch haschanah 5650 entsprechen? Der Charakter dieses Jahres wird 5r sein; es beginnt demnach am Donnerstag. Als dem 7ten im Cyklus entspricht ihm unter α 273; 273 + 1 — 17 257. Ziehen wir nun von dieser Zahl die nächst kleinere unter β ab, 257 — 243 · 14. September; nun sehen wir, auf welchen Wochentag der 14. September 1889 fallen wird. Das Jahr 5650 ist das 22. im Sonnencyklus; dieser Zahl entspricht für den Monat September 5; 5 + 14 · 19; 19 durch 7 getheilt giebt 5 zum Rest; demnach entspricht der 14. September, der auf Donnerstag fällt, ganz genau dem Rosch haschannah 5650. Wir wollen keine Beispiele häufen; man ersieht aus den gegebenen zweien zur Genüge, dass man die so complicirt angelegten Tabellen, die man gewöhnlich bei der Reduction des jüdischen Monatsdatums gebraucht, füglich entbehren kann. Die Tabellen J, j, K, L, M enthalten Alles, was beim jüdischen Kalender zu wissen Noth thut.

Wir sind nun mit der Darstellung des Systems unseres constanten Kalenders zu Ende; und es erübrigt uns noch die Pflicht, zu prüfen, ob denn auch die Principien, aus welchen sich dieses System entwickelt hat, an dem richtigen Maassstabe, den uns die Astronomie an die Hand giebt, gemessen, sich bewähren. Wir gehen nun zu dem dritten Theile unserer Arbeit über, um uns zu überzeugen, inwieweit dieser Kalender mit dem Himmel übereinstimmt.

III.

Astronomische Berechnung der Moledoth und Tekuphoth.

Alle jüdischen Chronologen, denen es nicht blos darum zu thun war, ein allgemein verständliches Buch in die Welt zu setzen, sondern vielmehr der Wissenschaft einen Dienst zu leisten, alle, die den Kalender wissenschaftlich behandelten, haben der astronomischen Seite desselben besondere Aufmerksamkeit gewidmet. Wie Abraham hanasi in seinem ספר העבור, Maimuni in הלכות קדוש החדש und Israeli in seinem יסוד עולם es unternommen, den jüdischen Kalender auf das Ptolemäische System zu basiren, so haben in neuerer Zeit David Gans [1]), Rafael Hannover [2]), Eliah Hechim [3]) und in hervorragender Weise Ch. S. Slonimski [4]) der wissenschaftlichen Behandlung unseres Kalenders das Copernicanische, resp. Kepler'sche System zu Grunde gelegt. Nicht als ob sie neue Resultate zu Tage fördern wollten oder könnten, auch nicht deshalb allein, um durch das Medium des Kalenders die Astronomie weiteren Kreisen zuzuführen, verfuhren sie auf diese Weise, sondern vielmehr aus dem Grunde, weil sie die Ueberzeugung erfüllte, dass man ohne astronomisches Verständniss keinen recht klaren Einblick in das Wesen des Kalenders gewinnen könne, und dass man auf jedwede wissenschaftliche Darstellung eines systematisch angelegten Kalenders verzichten müsse, so man nicht die Elemente, aus denen er zusammengesetzt ist, aus der Hand der Astronomie empfängt. Schon Maimuni tadelt das unwissenschaftliche Kalendermachen, das Treiben derjenigen, die mit einem Gegenstande, den man Schulkindern in der kürzesten Zeit beibringen kann, soviel Wesens machen, und mit Recht findet er die soweit auseinandergehenden

---

1) נחמד ונעים Jessnitz 1743. 2) תכונת השמים Amsterdam 1756. 3) שבילי דרקיע Prag 1785. 4) תולדות השמים Warschau 1838.

Ansichten über unsern Kalender in dem Umstande begründet, dass sich so viele Unberufene mit ihm befassen, und dass Jeder, der schon einen Kalender machen kann, sich als Astronom und Chronologe dünkt [1]). Und um so nothwendiger ist es in unserer Zeit die astronomische Berechnung ins Auge zu fassen, als man doch nur durch Hilfe der Wissenschaft im Stande sein wird die Differenzen, welche unser Kalender mit dem Himmel zeigt, auszugleichen. Wir müssen aber von vornherein erklären, dass wir hier keinerlei Systeme darstellen, und dass wir einzig und allein die Novilunien und Quatember mit Hilfe der Elemente der Sonnen- und Mondbahn zu berechnen beabsichtigen, um die hieraus resultirenden Zahlengrössen mit den Daten unseres Kalenders vergleichen zu können. Wenn wir aber dennoch auf die Theorie der Planeten näher eingehen, so geschieht es aus dem Grunde, um den eigentlichen Gegenstand dieses Theiles unserer Arbeit ins klare Licht zu stellen.

Das unvergängliche Verdienst der neuen Zeit um die Astronomie besteht darin, dass sie die dem Ptolemäischen System anhaftenden zwei Ungleichheiten für immer gehoben. Copernicus ist der unsterbliche Mann, der es zum ersten Male ausgesprochen, dass die sogenannte zweite Anomalie, die sich nach dem Stande der Planeten gegen die Sonne richtet und deren Periode die synodische Revolution der Planeten ist, nur aus dem veränderlichen Standpunkte der Erde betrachtet, unerklärlich sei, dass aber die Bewegung der Planeten aus dem wahren Centralpunkte ihrer Bahnen — aus dem Mittelpunkte der Sonne — sich als die möglichst einfache darstelle. So man nur die Methode kennt, vermittels welcher der von der Erde aus gesehene oder der durch unmittelbare Beobachtung gegebene geocentrische Ort der Planeten in den heliocentrischen — von der Sonne aus gesehenen — Ort derselben verwandelt wird, kann man auch keinen Augenblick mehr über die gesetzmässige, von jedweder Verwickelung freie Bewegung der Planeten in Zweifel sein. Diese Methode ist jedoch nicht so leicht zu finden, und wir müssen erst die Theorie der heliocentrischen Bewegung näher kennen lernen, um die beobachteten geocentrischen Längen mit ihr vergleichen zu können. Vergessen wir für kurze Zeit die erste Ungleichheit der Planeten, jene Anomalie, die mit der siderischen Umlaufszeit zusammenhängt und vorzüglich in einer Aenderung der Geschwindigkeit besteht;

[1]) Vergl. Kid hach 14, 4 und seinen Commentar zu Rosch hasch. 2,4. wo es heisst: אבל כולם (בעלי העבור) אין בידם אלא מלאכת הקבוץ לבד ר"ל קבוץ מבן לבן אחר ודמה שהוא התגבר על חכמה גדולה ולא ידע לא מבין ולא בינה. . . . ולא נפל המחלוקת בין בני אדם אלא בהעדר החכמה וכו'

lassen wir die Planeten vor der Hand in concentrischen Kreisen, deren Ebenen mit der Ekliptik zusammenfallen, um die Sonne gehen, so brauchen wir nur 1) einen einzigen Punkt der Planetenbahn, für eine gewisse Zeit von der Sonne gesehen, und 2) die Geschwindigkeit des Planeten zu kennen, und wir sind in den Stand gesetzt, den heliocentrischen Ort des Planeten durch eine einfache Addition oder Subtraction zu berechnen. Mit anderen Worten, die ganze Theorie besteht unter der berührten Voraussetzung aus zwei Elementen: 1) Aus der heliocentrischen Länge des Planeten für eine gegebene Zeit Epoche; 2) aus der täglichen oder stündlichen Bewegung des Planeten, die wir aus seiner Umlaufszeit um die Sonne finden. Wie aber, wenn die kreisförmigen Planetenbahnen nicht, wie wir vorausgesetzt, in der Ebene der Ekliptik liegen? Was dann, wenn diese Ebenen zwar durch den Mittelpunkt der Sonne gehen, jedoch gegen die Ebene der Ekliptik mehr oder weniger geneigt sind?! Dann haben wir allerdings noch auf die Durchschnittslinie der Ekliptik und der Planetenbahn, die sogenannte Knotenlinie und auf den Winkel zu achten, unter welchem die zwei Ebenen sich schneiden, dann müssen wir zwei neue Elemente: die Länge des aufsteigenden Knoten, die wir k, und den Neigungswinkel, den wir n nennen wollen, in

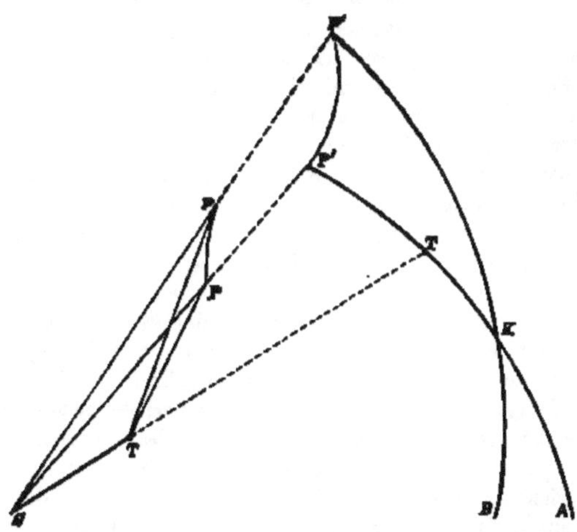

S = Sonne. T = Erde, AKP'' Ekliptik. BKp' = Planetenbahn.
A = Frühlingspunkt. AKB = n.

Erwägung ziehen. Dass diese zwei neuen Elemente von veränderlicher Grösse sind, wollen wir noch nicht berücksichtigen. Die Länge des Knotens, d. h. des Punktes, in welchem sich die Ebenen der Ekliptik und der Planetenbahn an der Himmelsfläche schneiden, wird wie alle Längen von dem Frühlingspunkte in der Richtung von West nach Ost gezählt; wir müssen aber auch, da nun einmal alle Längen in der Ekliptik gezählt werden, die Länge des Planeten in seiner Bahn, Bp', auf die Länge in der Ekliptik reduciren, und diese erhalten wir dadurch, dass wir von dem Mittelpunkte des Ortes, welchen der Planet in seiner Bahn einnimmt einen grössten, auf die Ekliptik senkrechten Kreis ziehen; der zwischen der Planetenbahn und der Ekliptik liegende senkrechte Bogen P'p' ist die Breite und der zwischen dem Frühlings- und dem Durchschnittspunkte des Breitenkreises und der Ekliptik liegende Bogen AP' ist die reducirte Länge des Planeten. Ein Blick auf unsere Figur zeigt deutlich, dass die Breite des Planeten nur von dem Bogen der Planetenbahn abhängt, welcher zwischen dem aufsteigenden Knoten und dem Orte des Planeten liegt, wesshalb man auch diesen Bogen Kp' ganz treffend Argument der Breite nennt. Die Länge des Planeten in seiner Bahn berechnen wir mittelst der ersten zwei Elemente; die Länge des Knoten, die man aus der ersten besten astronomischen Tabelle nimmt, subtrahiren wir von der Länge des Planeten in der Bahn, und der Rest ist das Argument der Breite, das wir u nennen wollen. Sehen wir uns unsere Figur nochmals an und wir werden mit Leichtem finden, dass uns ein bei P' rechtwinkliges sphärisches Dreieck vorliegt, und dass wir eigentlich nur den Sinus und Cosinus des Neigungswinkels suchen, indem wir die Breite und die reducirte Länge des Planeten weniger k bestimmen wollen. Und da im rechtwinkeligen sphärischen Dreieck der Sinus einer Kathete gleich ist dem Sinus der Hypotenuse multiplicirt mit dem Sinus des jener Kathete gegenüber liegenden schiefen Winkels, so ist die Breite (b) des Planeten $\sin. b = \sin. u. \sin. n$; und auch die Länge (l) des Planeten in der Ekliptik ist, da man k kennt, durch die Gleichung $\sin. l - k = \sin. u. \sin. (90 - n)$ bestimmt.

Wenn nun die 4 Elemente der Planetenbahn — Epoche, Geschwindigkeit, Länge des Knoten und Neigungswinkel — bekannt sind und wir die heliocentrische Länge und Breite des Planeten berechnet haben, so kann es uns auch nicht mehr schwer fallen, für jede gegebene Zeit die geocentrische Länge (λ) und Breite (β) des Planeten durch eine einfache Rechnung zu finden. Man verfährt hierbei auf folgende Weise. Der Halbmesser der Planetenbahn $r = Sp$ wird mit dem Cosinus der heliocentrischen Breite multiplicirt und dieses Product r.cos.b, das wir r' nennen wollen, vervielfacht man mit dem Sinus der Commutation, d. h. mit dem Sinus des Winkels, unter welchem die Entfernung der Planeten von der Erde aus der Sonne gesehen wird; das neue Product ist also r' sin. C. oder, da die Commutation der heliocentrischen Länge des Planeten weniger der heliocentrischen Länge der Erde gleich ist, eigentlich r' sin. (l—L). Der Kürze wegen wollen wir jedoch den ersten Ausdruck beibehalten. Dieses Product dividire man durch r', multiplicirt mit dem Cosinus der Commutation weniger dem Halbmesser der Erdbahn = R, und man erhält die Tangente von λ—L zum Quotienten.

$\frac{r' \sin. C}{r' \cos. C - R}$ = tang. (λ—L) und da L bekannt ist, haben wir auch die gesuchte geocentrische Länge des Planeten gefunden. Multiplicirt man ferner den Sinus des Winkels λ—L durch die Tangente der heliocentrischen Breite b und dividirt das Product durch Sin. C, so erhält man die Tangente von β oder die geocentrische Breite zum Quotienten; tang. $\beta = \frac{\sin. (\lambda - L) \tan g. b}{\sin. C}$. Man sieht also, dass wir nur mit Aufgaben aus der sphärischen Trigonometrie zu thun haben.

Wir sind nun in den Besitz einer Methode gelangt, sowohl die heliocentrische als auch die geocentrische Länge und Breite des Planeten zu bestimmen, aber wir haben bis jetzt einen Punkt unberücksichtigt gelassen, der einer gar sorgfältigen Erwägung bedarf; wir haben nämlich bis jetzt immer die gleichmässige Geschwindigkeit des Planeten vorausgesetzt und die erste Anomalie, die eben darin besteht, dass die Bewegung der Planeten, selbst wenn sie von dem Mittelpunkte ihrer Bahnen, von der Sonne aus beobachtet werden, nichts weniger als gleichförmig ist, ganz und gar ausser Acht gelassen. Es kann hier nicht unsere Aufgabe sein, darzuthun, wie Kepler diese Anomalie durch seine Gesetze beseitigt, wir beschränken uns auf die feststehende Thatsache, dass die Planeten nicht in concentrischen Kreisen, sondern in elliptischen Bahnen um die Sonne gehen, und nur die durch dieses Moment bedingte ungleichmässige Geschwindigkeit wollen wir hier bei der Bestimmung des Arguments der Breite in Anschlag bringen, um die heliocentrische Länge des Planeten mit der grössten Genauigkeit berechnen zu können. Die Theorie der Planetenbahn bleibt also bis auf die Berechnungsweise der Länge des Planeten in der Bahn nach wie vor dieselbe.

Nach Kepler's Theorie der planetarischen Bewegung gehen alle Planeten in Ellipsen um die Sonne, deren Mittelpunkt den einen, allen Planetenbahnen gemeinschaftlichen Brennpunkt einnimmt. Am schnellsten bewegt sich der Planet in seinem Perihelium, wo er der Sonne am nächsten steht; von hier aus nimmt seine Geschwindigkeit immer ab, und zwar nach dem Quadrat der Entfernung, bis er im Aphelium von der Sonne am entferntesten ist. Auf seinem Wege vom Aphel zum Perihel nimmt seine Entfernung von der Sonne immer ab und seine Geschwindigkeit in dem entsprechenden Maasse zu, so dass er, nachdem der ganze Umlauf vollendet ist, mit derselben Geschwindigkeit in sein Perihel zurückkehrt, mit welcher er ausgelaufen. Man ersieht hieraus, dass die Zeit, in welcher die Planeten sich zwischen den Apsiden bewegen, ein und dieselbe bleibt, nur dass sie auf die einzelnen Punkte der Bahn sehr ungleichmässig vertheilt wird. Durch diese Bewegung also, die in Bezug auf ihre Grösse und Richtung gegen die Sonne in jeder Secunde eine andere ist, bedarf die Theorie der Planeten einer Verbesserung, und es gilt einen Weg zu finden, auf welchem der Ort des Planeten, anstatt wie früher bei der Annahme einer gleichförmigen Bewegung durch Addition oder Subtraction, jetzt durch die genaueste Berechnung seiner ungleichmässigen Bewegung bestimmt wird. Ohne die Gesetze zu kennen, nach welchen die Planeten in ihren Bahnen wandeln, dürfte wohl Niemand im Stande sein, den Ort zu berechnen, den der eine oder andere Planet zu einer bestimmten Zeit einnimmt. Die Kepler'schen Gesetze allein können uns zum Ziele führen. Sieht man sich das erste Kepler'sche Gesetz, nach welchem das Product der Geschwindigkeit in das Quadrat der Entfernung eine constante Grösse ist, etwas genauer an, so kann man nicht umhin zu erkennen, dass die Fläche, welche der Radius Vector der Planeten in jeder noch so kleinen Zeit beschreibt, gleichfalls eine constante Grösse ist. Anders ausgedrückt wird also dieser Satz lauten: Die Flächen des Radius Vector verhalten sich wie die Zeiten, in welchen sie beschrieben werden. Kennt man demnach die Fläche der ganzen elliptischen Bahn, so braucht man sie nur durch die Umlaufszeit des Planeten, in Tagen ausgedrückt, zu dividiren, um denjenigen Theil dieser Fläche zu erhalten, welchen der Radius Vector des Planeten täglich beschreibt. Ist nun die Fläche, welche der Planet in einer bestimmten Zeit zurückgelegt hat, bekannt, so reducirt sich unsere Aufgabe auf das geometrische Problem, für jedwede Fläche eines elliptischen Sectors sowohl den Winkel als auch den Radius Vector zu finden, der zu diesem Sector gehört. Die Oberfläche der Ellipse ist bekanntlich gleich dem Producte der beiden Halbaxen, multiplicirt mit der Ludolphi'schen Zahl 3,14159. Das Verhältniss, welches zwischen der ganzen Fläche und der Umlaufszeit des Planeten herrscht, wird auch zwischen jedem

Flächentheil der Bahn und der Zeit, in welcher er beschrieben wird, obwalten. Man berechnet also die Fläche des elliptischen Sectors durch eine einfache Proportion, und aus dieser Fläche kann man mit einigen geometrischen Kenntnissen den Winkel, welchen der Radius Vector mit der grossen Axe bildet, leicht finden, und kennt man nun endlich die Lage der grossen Axe im Raume, so ist auch der Ort des Planeten in seiner Bahn vollkommen bestimmt.

Die gewöhnliche und hergebrachte Berechnungsweise besteht darin, dass man neben dem wahren Planeten in der Bahn einen andern fingirten annimmt, der sich in einem Kreise bewegt, in einem Kreise, dessen Mittelpunkt — wie es die Figur veranschaulicht — mit dem einen Brennpunkte der Ellipse zusammenfällt. Mögen nun beide zu gleicher Zeit im Perihelium sein, so ist sowohl die Fläche des elliptischen Sectors als auch der Bogen des Kreises = 0. Nach einer halben Revolution, wenn der wahre Planet im Aphelium ist, beträgt die Fläche des elliptischen Sectors genau die Hälfte der ganzen Oberfläche der Bahn und der Kreisbogen = 180°, die halbe Peripherie. Dieses Verhältniss zwischen der Fläche des Sectors und dem Bogen des Kreises wird auf keinem Punkte unterbrochen, und es gilt nur den Winkel des mittleren Planeten, den die Astronomen die mittlere Anomalie nennen, den Winkel des wahren Planeten, die wahre Anomalie, und den Radius Vector für dieselbe Zeit zu finden. Dieses Problem wird bei alljenen Ellipsen, deren Excentricität im Verhältniss zur grossen Halbaxe sehr klein ist, durch eine einfache Formel gelöst, und wir gehen hierbei mit der grössten Genauigkeit zu Werke, ohne dass wir zur höheren Analysis unsere Zuflucht nehmen müssen. Bezeichnet man das Verhältniss der Excentricität zur grossen Halbaxe durch e, so ist die wahre Anomalie gleich der mittleren mehr oder weniger dem Producte des Sin. m in das Zweifache von e.

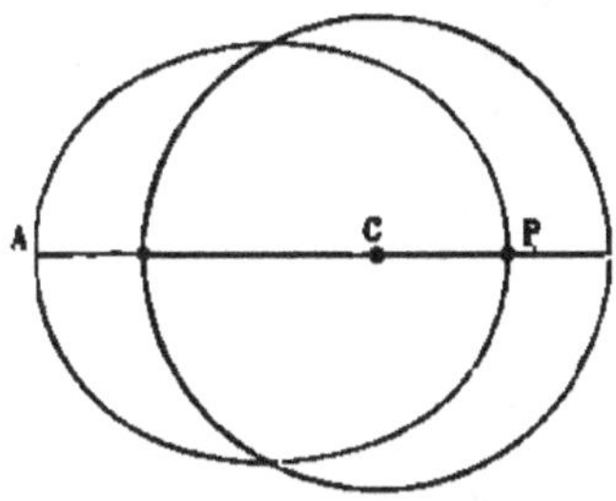

$$v = m \pm 2\, e \sin. m.$$

Dieses Product 2 e sin. m nennt man **Gleichung der Bahn**, weil nur durch dieselbe allein der wahre Ort des Planeten in seiner Bahn gefunden wird, indem man sie mit + oder — zu der mittleren Anomalie, welche man auf die oben in der Kreishypothese angegebene

Weise berechnet, hinzusetzt. Vom Perihel bis zum Aphel nimmt die Geschwindigkeit des Planeten immer ab, bis sie im Aphelium der des mittleren gleich wird; mithin hat, wenn m kleiner ist als 180°, die Gleichung der Bahn das Minuszeichen; auf dem Wege vom Aphelium zum Perihelium nimmt die Geschwindigkeit des wahren Planeten in demselben Grade zu; demnach muss, wenn m grösser ist als 180°, die Gleichung der Bahn positiv sein. Der Radius Vector des Planeten, d. h. seine wahre, elliptische Distanz von der Sonne ist immer gleich der grossen Halbaxe a, weniger dem Producte dieser Halbaxe in die Grösse e und in den Cosinus von m.[1])

$$r = a - ae. \cos. m.$$

Die wahre planetarische Bewegung hat uns zwei neue Elemente zugeführt: 1, das Verhältniss der Excentricität zur grossen Halbaxe, die Grösse e und 2, die Lage dieser Axe oder, was dasselbe ist, die Länge des Perihels. Diese Länge des Perihels muss man, wie es sich von selbst versteht, von der mittleren Länge des Planeten subtrahiren, um darnach die wahre Anomalie zu bestimmen. Dass auch diese Länge einer seculären Aenderung unterworfen ist, kann erst weiter unten gewürdigt werden. Wir wollen aber, bevor wir die Theorie der Planeten beenden, das bisher Gegebene kurz zusammenfassen. Der mittlere Ort der Planeten wird vermittels der Epoche und der gleichmässigen Geschwindigkeit berechnet, von dieser Länge ziehen wir die Länge des Perihels ab und setzen zu der auf diese Weise gefundenen mittleren Anomalie die Gleichung der Bahn mit ihrem Zeichen. Haben wir nun die wahre Anomalie bestimmt, so müssen wir die Länge des Perihels zu derselben hinzufügen, um den wahren Ort des Planeten in seiner Bahn zu erfahren. Diese wahre Länge des Planeten in seiner Bahn wird nun auf die Länge in der Ekliptik reducirt; man subtrahirt die Länge des Knoten von der Länge des Planeten und erhält als Rest das Argument der Breite. Durch dieses wie durch den Neigungswinkel sind wir endlich in den Stand gesetzt, die heliocentrische, und aus dieser die geocentrische Länge und Breite des Planeten zu berechnen. Nachdem wir nun die Theorie der Planeten, soweit es für unsere Aufgabe geboten war, im Allgemeinen besprochen, können wir zu unserem eigentlichen Gegenstande übergehen, und da bei den Elementen der Mondbahn mehr oder weniger die der Sonnenbahn in Betracht kommen, wollen wir uns zunächst dieser zuwenden.

---

[1]) Die Winkel m und v werden ohne Unterbrechung von 0° — 360° gezählt.

a. Die Elemente der Sonnenbahn.

Der Weg, den die Sonne jährlich am Himmel zu beschreiben scheint und den in Wirklichkeit die Erde zurücklegt, die Ekliptik oder die sogenannte Sonnenbahn, bildet eine Ellipse, in deren einem Brennpunkte die Sonne, der Mittelpunkt unseres Planetensystems steht. Erweitert man die Ebene dieser elliptischen Erdbahn nach allen Seiten, so schneidet sie die Himmelssphäre in einem Kreise, der gleichfalls den Namen Ekliptik führt. Die Ebenen dieses Kreises und des Aequators schneiden sich in einem Winkel von 23° 27′ 54″, welcher Winkel die Schiefe der Ekliptik genannt wird. Die Durchschnittspunkte dieser zwei Ebenen heissen Aequinoctialpunkte und liegen 180° von einander entfernt, während die zwei Punkte der Ekliptik, die am höchsten über und am tiefsten unter dem Aequator liegen, Solstitial- oder Wendepunkte genannt werden. Diese Ekliptik, welche vor Kepler als Kreis gegolten, theilten die früheren Astronomen nicht in 360° sondern in 12 sogenannte Zeichen, deren jedes 30° zählte; die Sternbilder werden von dem Frühlingspunkte gegen Osten gezählt, ihre Reihenfolge ist: 1) Widder ♈, 2) Stier ♉, 3) Zwillinge ♊, 4) Krebs ♋, 5) Löwe ♌, 6) Jungfrau ♍, 7) Wage ♎, 8) Skorpion ♏, 9) Schütze ♐, 10) Steinbock ♑, 11) Wassermann ♒, 12) Fische ♓. Die Zeit, in welcher die Erde diesen Weg um die Sonne zurücklegt, nennen wir ein Jahr. Hierbei ist jedoch zu bemerken, dass wir ein siderisches und ein tropisches Jahr unterscheiden. Die siderische Revolution der Erde, die Zeit, in welcher sie volle 360 Grade zurücklegt und zu demselben Fixstern (sidus) zurückkehrt, bei welchem sie am Anfang ihrer Laufbahn gesehen wurde, beträgt 365,25636 Tage. Man braucht nur die 360° des Kreises durch die Revolution zu dividiren, um die tägliche Bewegung zu erhalten; hier jedoch, wo es sich um die heliocentrischen Längen handelt, die alle vom Nachtgleichenpunkte gezählt werden, dürfen die siderischen Umlaufszeiten nicht in Anschlag gebracht werden. Denn der Nachtgleichenpunkt selbst bewegt sich, wie wir weiter unten sehen werden, in jedem Jahr um 50″,2113 oder 0°,01394 von Ost gegen West, so dass die Sonne keine ganze 360° zurückgelegt hat, wenn sie ins Aequinoctium tritt. Deshalb fallen diese tropischen Umlaufszeiten, wie man sie nennt, sämmtlich etwas kleiner aus. Bei der Erde beträgt dieser Unterschied 0,01416 Tage, mithin hat das tropische Jahr 365,2422d oder 365d 5h 48′ 50″,3. Dividirt man nun die Grade des Kreises durch diese Summe, so erhält man die tägliche Geschwindigkeit der Sonne in geocentrischer Länge [1]) durch Grade ausgedrückt;

[1]) Die heliocentrische Länge der Erde + 180 = geocentrische Länge der Sonne.

360 : 366,2422 0°.98568 59′ 8″. Die am Ende des Buches zu findende Tab. I enthält die mittlere Geschwindigkeit der Sonne für Stunden, Tage und Jahre, wie auch zugleich die Veränderung der Länge des Perihels. Auch bei dieser Länge, die gleichfalls vom Acquinoctium gezählt wird, müssen wir die siderische Bewegung von der tropischen streng sondern. Die jährliche Veränderung der letzteren beträgt 61″,700, während die erstere 11″,404 ist. Diese zwei ersten Elemente der Ekliptik, die mittlere Bewegung und die Veränderung der Länge des Perihels finden wir für jedwede Zeit in Tab. I. Das Verhältniss der Excentricität zur grossen Halbaxe, e, dessen wir bei der Gleichung der Bahn bedürfen, ist für die Erdbahn 0,0167703. Man braucht nur den Sinus aller Winkel von 0°—180° mit dem Zweifachen dieser Grösse zu multipliciren, und man hat die Gleichung der Bahn für alle möglichen mittleren Längen. Tab. III ist auf diese Weise entstanden. Die Construction dieser Tabelle ist sehr einfach. Bedenkt man, dass die Geschwindigkeit der Sonne vom Aphelium zum Perihelium in demselben Maasse zunimmt, wie sie von diesem zu jenem abnimmt, und dass die Gleichung der Bahn für 1° dieselbe ist wie für 360° — 1 · · 359°, nur dass jene negativ, diese positiv ist, so sieht man auch, warum die links von oben nach unten gehenden Fonds den rechts stehenden Zahlen in umgekehrter Richtung und mit dem entgegengesetzten Zeichen entsprechen. Dass wir in der Ekliptik keinen aufsteigenden Knoten und keinen Neigungswinkel haben, braucht wohl nicht erst gesagt zu werden. Wir bedürfen also nur noch einer Epoche.

Die allen unseren Rechnungen zu Grunde liegende Epoche ist Dienstag am 17. October 1871 Nachmittag 5 Uhr 34 Minuten 53 Secunden nach dem Breslauer Meridian תרל״ב ב׳ מרחשון כג׳ שעות תרכ״ז חלקים סח׳ רגעים

In diesem Augenblick war die mittlere Länge der Sonne 205° 49′ 36″ 36‴ und die Länge des Perihels 100° 43′ 18″.

Mit diesen Elementen können wir nun den wahren Ort der Sonne für jedwede Zeit wie für jedweden Meridian berechnen. Wie dies geschieht, wollen wir in einigen Beispielen zeigen.

I. Aufgabe. Die wahre Länge der Sonne für den 26. Janunuar 1872 Abends 6 Uhr 17 Minuten 15 Secunden Breslauer Meridian zu bestimmen.

Die Zeit, welche zwischen unserer Epoche und diesem Augenblicke liegt, beträgt 101 Tage 42 Minuten 2. Secunden; für diesen Zeitraum berechnen wir nun sowohl die mittlere Bewegung der Sonne als auch die Veränderung der Perihels-Länge und addiren dieselben zu unserer Epoche.

Mittlere Länge der Sonne					Länge des Perihels
Epoche	205°	43′	30″	36‴	100° 43′ 18″
100 Tage	98	33	53		17
1 Tag		59	8		0
42 Minuten . . .		1	42	34	0
22 Secunden . .				54	0
	305°	18′	21″	4‴	100° 43′ 35″

Die mittlere Anomalie, die Differenz der mittleren Länge der Sonne und der Länge des Perihels ist demnach 204° 34′ 46″ 4‴, für welche wir nun die Gleichung der Bahn berechnen müssen. Tab. III giebt uns dieselbe für die Grade unmittelbar; so finden wir für 204 rechts in der ersten Rubrik unter der 24. Stellenzahl 47′ 50″; für die Minuten und Secunden der mittleren Anomalie muss man die Gleichung der Bahn vermittelst einer Proportion eruiren. Man berechnet die Differenz der zwei aufeinander folgenden Grade, und wie sich diese zu 60 verhält, so wird sich die gesuchte Gleichung der Bahn zu den in Frage stehenden Minuten, resp. Secunden verhalten. In unserem Beispiele beträgt die Differenz 1′ 52″ und wir haben folgende Proportion:

60′ : 1′ 52″ = 34′ 46″ 4‴ : x

x = + 1′ 4″ 7‴

Die Gleichung der Bahn für 204° 34′ 46″ 4‴ ist demnach + 48′ 54″ 7‴; diese zur mittleren Anomalie addirt, erhalten wir die wahre Anomalie von 205° 23′ 40″ 11‴. Die Länge des Perihels und die wahre Anomalie

100° 43′ 35″
205 23 40 11‴
306° 7′ 15″ 11‴

zusammen geben die wahre Länge der Sonne, d. h. die Sonne steht am 26. Januar 1872 Abends 6 Uhr 17′ 15″ für Breslau 6° 7′ 15″ 11‴ im Zeichen des Wassermanns. In Berlin, das um 14′ 34″ westlicher liegt, wird man diese Länge schon 2′ 41″ nach 6 Uhr beobachten.

II. Aufgabe. Wann hatten wir hier in Breslau die mittlere astronomische Tekuphath Tischri 5632?

Der Augenblick, mit welchem die Sonne in ihrer mittleren Bewegung in das Zeichen des Widders, des Krebses, der Wage und des Steinbocks tritt, bezeichnet die mittleren Tekuphoth Nisan, Thamus, Tischri und Tebeth, die, wie wir schon oben bemerkt, deshalb nach diesen Monaten benannt werden, weil sie in den meisten Fällen wirklich in diesen Monaten eintreten. Die Frage lautet demnach: wann trat dieses Mal die mittlere Sonne in das Zeichen der Wage oder, wann war ihre mittlere Länge 180°? In unserer Epoche betrügt die mittlere Länge der Sonne 205° 43′ 36″ 36‴, sie ist also seit dem Augenblick der Tekuphath Tischri um 25° 43′ 36″ 36″ vorwärts gegangen. Tab. I zeigt uns, wie lange dieser Weg gedauert. Die mittlere astronomische Tekupha war demnach 26d 2h 26′ 39″ vor unserer Epoche oder, wie die Rechnung ergiebt, am 21. September Nachmittag 3 Uhr 8′ 14″, d. i. Donnerstag den 6. Tischri 21h 148ch 4rg. Die תקופת שמואל [1] war am 7. Oktober, also um 16 Tage später, die תקופת ר'אדא [2] am 26. September Nachts 11 Uhr 34′ 40″ 8‴, also um 4 Tage 8 Stunden 26 Minuten 26 Secunden 8 Terzen später als die mittlere astronomische. Wenn wir jedoch, wie es die Nothwendigkeit erheischt, die Distanz Jerusalems in Anschlag bringen, so beträgt die Differenz zwischen der Adda'schen und der mittleren astronomischen Tekupha 4d 7h 13′ 14″ 8‴.

26 Tage	25°	37′	36″			
2 Stunden		4	35			
26 Minuten		1	4			
39 Secunden				1″	35‴	10⁗
	25°	43′	36″	35‴	10⁗	

III. Aufgabe. Wann hatten wir hier in Breslau die wahre astronomische Tekuphath Tischri 5632?

Die wahre Tekupha tritt in dem Augenblick ein, mit welchem die Sonne in ihrer elliptischen Bewegung in die Aequinoctial- und Solstitialpunkte tritt. Die Frage ist also auch hier, wann war die wahre Länge der Sonne 180°? Die mittlere Anomalie der Sonne zeigt uns, ob die wahre Tekupha vor oder nach der mittleren eintritt, insofern es doch immer auf die Gleichung der Bahn ankommt. Ist diese negativ, so wird die wahre Tekupha später sein, und zwar um so viel, als die Gleichung der Bahn in der Zeit beträgt, ist sie positiv, so wird die mittlere Tekupha nach der wahren eintreten. Am 21. September war die mittlere Länge der Sonne 180°, die Länge des Perihels 100° 43′ 14″ die mittlere Anomalie 79° 16′ 46″; dieser entspricht die Gleichung der Bahn von 1° 52′ 50″ 59‴, und da diese negativ ist, so war die wahre Anomalie zur Zeit der mitteren Tekupha 77° 23′ 55″ 1‴. Berechnen wir nun, wieviel Zeit die mittlere Sonne braucht, um die Gleichung der Bahn zurückzulegen. Die mittlere Tekupha war am 21. September 21h 8′ 14″. Einen Tag 21h 48′ 40″ später, d. i. am 23. September Mittags 12h 56′ 54″ ist die mittlere Länge der Sonne 181° 52′ 50″ 59‴. Die Länge des

1 Tag		50′	8″	
21 Stunden		51	44	
48 Minuten		1	57	21‴
40 Secunden			1	38
	1°	52′	50″	59‴

[1]) Vergl. oben p. 68. [2]) Vergl. oben p. 72.

Perihels hat während dieser Zeit keine Veränderung erlitten, die mittlere Anomalie ist demnach 81° 9′ 30″ 59‴, die ihr entsprechende Gleichung der Bahn beträgt 1° 53′ 34″ 12‴. Ziehen wir nun diese Gleichung der Bahn von der mittleren Länge der Sonne ab, so erhalten wir für die in Frage stehende Zeit die wahre Länge der Sonne von 179° 59′ 16″ 47‴. Sehen wir nun, welchen Ort die Sonne in ihrer wahren Bewegung eine Stunde später d. i. am 23. September um 1 Uhr 56′ 54″ einnimmt.

Mittlere Länge um 12 Uhr	=	181°	52′	50″	59‴
Stündliche Bewegung der Sonne . . .	=		2	27	
Mittlere Länge der Sonne um 1 Uhr		181	55	17	59
Länge des Perihels.		100	43	14	
Mittlere Anomalie		81°	12′	3″	59‴

Die Gleichung der Bahn für 81° beträgt 1° 53′ 31″, für 12′ 3″ macht sie 4″ 1‴ aus, im Ganzen ist sie also 1° 53′ 35″ 1‴. Diese Gleichung der Bahn von der mittleren Länge subtrahirt, giebt uns die wahre Länge der Sonne: 180° 1′ 42″ 58‴. Während also die Sonne vor einer Stunde 179° 59′ 16″ 47‴ wahre Länge hatte, ist sie seit dieser Zeit 2′ 26″ 11‴ vorwärts gegangen. Es gilt nunmehr, den Moment zu berechnen, in welchem sie 43″ 13‴ zurückgelegt hatte, oder in welchem ihre wahre Länge gerade 180° war. Diesen Moment giebt uns folgende einfache Proportion

$$x : 43'' \; 13''' \quad 69' : 2' \; 20'' \; 11'''$$
$$x : 2593''' \quad 216000''' : 8771'''$$
$$x \quad 63811'''$$
$$x \quad 17' \; 43'' \; 31'''.$$

Seit der mittleren Tekupha, die am	21. Sept.	21h	8′	14″	
war, verstrichen demnach	1d	21	48	40	
und			17	43	31‴

Die wahre Tekuphath Tischri war mithin am 23. Sept. 10h 14′ 37″ 31‴ d. i. Sonnabend, den 8. Tischri, Nachmittag 1 Uhr 14′ 37″ 31‴, שבת תשובה י״ט שעות ס״ב חלקים. Die Differenz der Adda'schen und der wahren astronomischen Tekuphath Tischri beträgt demnach 2d 10h 20′ 2″ 37‴, und für Jerusalem, das um 1h 13′ 12″ östlicher als Breslau liegt, 2d 9h 6′ 50″ 37‴. Dass die Differenz zwischen dem Adda'schen und dem wahren astronomischen Quatember bei jeder Tekupha eine andere ist, findet in dem Wesen der elliptischen Bewegung der Sonne seine Begründung und braucht wohl nicht erst besonders hervorgehoben zu werden. Das Verfahren, das wir hier beobachtet, bleibt dasselbe, wenn die Gleichung der Bahn positiv ist; natürlich muss man, da die wahre Tekupha vor der mittleren eintritt, die Differenzen von dieser subtrahiren. Wir wollen keine Beispiele häufen; es genügt für unsern Zweck, die Berechnungsweise gezeigt zu haben, und können wir, um auch die astronomische Moladberechnung kennen zu lernen, übergehen zu den

b. Elementen der Mondbahn.

Der Mond ist, wie bekannt, ein dunkler Körper, dessen nur erborgtes Licht uns leuchtet. Aus diesem Grunde kann auch nur die dem leuchtenden Körper zugewendete Seite gesehen werden, so sie nicht durch einen andern verdeckt wird. Auf diesem Umstande beruhen die verschiedenen Phasen, die dieser Trabant unserer Erde allmonatlich durchmacht. Zu Anfang des Monates, im Augenblick der Conjunction, da der Mittelpunkt des Mondes in Wirklichkeit mit dem Mittelpunkte der viel weiter entfernten Sonne eine gerade Linie bildet, ist die beleuchtete Scheibe unsichtbar; wir sehen keinen Mond, denn er wendet uns seine dunkle Seite zu; nach einigen Tagen jedoch, nachdem er sich von der Sonne allmälig entfernt hat, wird ein Theil der von der Sonne beleuchteten Halbkugel gesehen; nach $3^3/_4$ Tagen ungefähr hat der Mond den achten Theil seines Weges um die Erde in Beziehung auf die Sonne zurückgelegt oder er ist in seinem ersten Octanten; die beleuchtete Seite des Mondes hat die Gestalt eines umgekehrten C. In 7,4 Tagen nach der Conjunction, wenn der Mond bereits den vierten Theil seiner synodischen Bahn zurückgelegt hat und in der ersten Quadratur ist, sehen wir eine halbe, kreisförmige Scheibe, denn von der beleuchteten sowohl als auch von der dunklen Seite des Mondes ist gerade die Hälfte gegen die Erde gekehrt. Nach 14,8 Tagen steht der Mond der Sonne gerade gegenüber; er ist mit ihr in Opposition, wir haben Vollmond und sehen die ganze Nacht hindurch eine ganze, kreisrunde, beleuchtete Scheibe; denn der Mond geht mit Sonnenuntergang auf und mit Sonnenaufgang unter. In der zweiten Quadratur oder im letzten Viertel, wenn der Mond auf der Westseite der Sonne steht, erscheint uns die beleuchtete Scheibe links; diese wird nun immer kleiner, bis sie im letzten Octanten die Gestalt eines C annimmt und schliesslich gar nicht mehr zu sehen ist. Diese verschiedenen Phasen des Mondes sind der untrüglichste Beweis dafür, dass der Trabant unserer Erde die Gestalt einer Kugel hat und dass er sein Licht von der Sonne erhält. Mit einer ihm eigenthümlichen Bewegung schreitet er täglich unter den Fixsternen ungefähr 13° von West gegen Ost fort, so dass seine siderische Umlaufszeit um die Erde 27,321666 mittlere Sonnentage = 27 d 7 h

43′ 11,5″ dauert. Die tropische Umlaufszeit des Mondes, seine Revolution in Beziehung zu den Aequinoctien ist 27,32158 d = 27d 7h 43′ 4,7″ und endlich die synodische Revolution, d. h. die Zeit zwischen zwei nächsten Conjunctionen mit der Sonne, beträgt 29,53059 Tage 29d 12h 44′ 2,9″. Wie die Ekliptik, so ist auch die Mondbahn eine Ellipse, deren einen Brennpunkt die Erde einnimmt. Die grosse Halbaxe beträgt 60,2078 Erdhalbmesser, die Excentricität der Mondbahn, d. h. deren Verhältniss zur grossen Halbaxe, ist 0,05490807. Eine Neigung der Mondbahn gegen die Ekliptik 5° 8′ 39,30″. Wir haben also bis jetzt schon drei Elemente: tägliche Bewegung, Excentricität und den Neigungswinkel und wir müssen noch die Länge des Knoten, die Länge des Perigeums kennen lernen und selbstverständlich eine Epoche haben, um an die Berechnung gehen zu können. In Bezug auf die Knoten, von denen die Alten den aufsteigenden Drachenkopf und den niedersteigenden Drachenschwanz nannten, unterscheiden wir eine besondere Umlaufszeit des Mondes, den sogenannten Drachenmonat. Diese Knoten sowohl als auch die Apsiden der Mondbahn, die Endpunkte der grossen Axe, das Perigeum und Apogeum, sind einer Bewegung unterworfen, nur dass diese von West nach Ost vorwärtsgehen, während die Bewegung der Knoten eine retrograde ist. Die jährliche tropische Bewegung der Apsiden ist 40° 39′ 51″. die der Knoten beträgt 19° 19′ 43″. Hier haben wir jedoch noch ein neues Moment zu berücksichtigen, und das ist die retrograde Bewegung der Knoten in Beziehung zu den anderen verschiedenen Bewegungen. Wir dürfen nicht vergessen, dass dieses Rückwärtsschreiten der Knoten sowohl die mittlere Länge des Mondes als auch die des Perigeums verkürzt, insofern mit ihnen die ganze Mondbahn rückwärts schreitet. Am zweckmässigsten verfährt man, wenn man diese retrograde Bewegung von vornherein sowohl von der täglichen oder stündlichen Bewegung des Mondes als auch von der der Apsiden abzieht. Die stündliche Bewegung des Mondes ist 33′ 4″ und die des Perigeums 25″; von beiden müssen wir die stündliche retrograde Bewegung der Knoten 8″ abziehen, so dass diese 17″, jene 32′ 56″ beträgt. Dass sowohl die Länge des Mondes als auch die des Perigeums und des aufsteigenden Knoten vom Aequinoctium gerechnet werden, braucht wohl nicht besonders betont zu werden.

Im Augenblick unserer Epoche am 17. October 1871 5 Uhr Nachm. 34′ 53″ Br. Meridian war die mittlere Länge des Mondes 249° 38′ 42″, die Länge des Perigeums 86° 49′ 39′ und demnach die mittlere Anomalie 162° 49′ 3″ und die Länge des Knoten 84′ 40″. Wir wollen nun mit Hülfe der unten beigefügten Tabellen II und IV, die auf dieselbe Weise construirt wurden wie I und III, einige Aufgaben lösen.

IV. Aufgabe. **Den wahren Ort des Mondes für den 31. December 1871, Mittags 12 Uhr, Breslauer Meridian zu bestimmen.**

Das Verfahren, das wir auch bei dieser Berechnung zu beobachten haben, ist uns im Grossen und Ganzen in der Theorie der Planeten vorgezeichnet. Vermittelst unserer Epoche müssen wir in erster Reihe sowohl die mittlere Länge des Mondes als auch die Länge des Perigeums für den in Frage stehenden Augenblick berechnen, um dann die mittlere Anomalie und die ihr entsprechende Gleichung der Bahn bestimmen zu können. Unsere Arbeit wird jedoch durch Tab. II insofern vereinfacht, als diese uns die mittlere Anomalie direct an die Hand giebt. Es gilt also zuvörderst, die Veränderungen zu erfahren, welche sowohl die mittlere Länge des Mondes als auch die mittlere Anomalie während des seit unserer Epoche verflossenen Zeitraumes von 74 d 18 h 25′ 7″ erlitten.

	Mittlere Länge des Mondes				Mittlere Anomalie			
Epoche	249°	38′	42″		162°	49′	3″	
70 Tage	202	20	52		194	32	57	
4 Tage	52	42	20		52	15	35	
18 Stunden . .	9	52	56		9	47	55	
25 Minuten . .		13	43			13	36	
7 Secunden. .			3	50‴			3	48‴
	154°	48′	36″	50‴	59°	39′	0″	48‴

Jetzt wollen wir aus Tab. IV die Gleichung der Bahn für die mittlere Anomalie berechnen. Für 59° finden wir in der zweiten Rubrik unter der 29. Stellenzahl links 5° 12′ 48″, die den Minuten, Secunden und Terzen entsprechende Gl. d. B. müssen wir, wie oben, durch eine Proportion herausbekommen. Wäre die mittlere Anomalie 60°, so entspreche ihr die Gl. d. B. 5° 16′ 20″, d. h. die Gleichung der Bahn wäre in 60′ um 3′ 32″ grösser geworden. Wir haben also folgende Proportion:

60′ : 39′ 9″ 3′ 32″ : x
3600″ : 2349″ 212″ : x
2′ 18″ 19‴ x

Auf dieselbe Weise finden wir, dass den noch restirenden 48‴ der mittleren Anomalie 2‴ entsprechen. Demnach beträgt die ganze Gleichung der Bahn 5° 15′ 6″ 21‴. Da nun die mittlere Anomalie kleiner als 180° ist, wird die Gl. d. B. negativ sein.

Mittlere Anomalie	59° 39′ 9″ 48‴
Gleichung der Bahn	5° 15′ 6″ 21‴
Wahre Anomalie	54° 24′ 3″ 27‴

Mittlere Länge des Mondes	154° 48′ 36″ 50‴
Gleichung der Bahn	5° 15′ 6″ 21‴
Wahre Länge des Mondes	149° 33′ 30″ 29‴

Das ist zwar die wahre Länge des Mondes, aber nicht in der Ekliptik, sondern nur in seiner Bahn; da nun aber alle Längen in der Ekliptik gezählt werden, so müssen wir diese Mondeslänge in der Bahn auf die in der Erdbahn reduciren. Um nun das Argument der Breite, auf welches es hier vorzüglich ankommt, zu finden, gilt es vor Allem, die Länge des aufsteigenden Knoten für den in Frage stehenden Augenblick zu berechnen. Da die Bewegung der Knoten, wie man schon weiss, eine retrograde ist, wird es zweckentsprechender sein, anstatt seine wirkliche Länge von der Länge des Planeten zu subtrahiren, vielmehr deren Complement von 360° zu derselben zu addiren. In unserer Epoche war die Länge des Knoten 84° 40′, deren Complement also 275° 20′. Berechnen wir dieses Complement für den in unserer Aufgabe angegebenen Moment; addiren ferner die Länge des Mondes in seiner Bahn zu dem Complement der Länge des aufsteigenden Knoten, und die gefundene Summe, von welcher man, wenn es nöthig ist, 360° subtrahiren muss, giebt uns das gesuchte Argument der Breite.

Epoche	275°	20′	0″	
70 Tage	3	41	24	
4 Tage		12	42	
18 Stunden		2	23	
25 Minuten.			9	
7 Secunden			0	55‴
Complement	279°	17′	32″	55‴
Länge des Mondes .	149°	33′	30″	29‴
Argument der Breite	68°	51′	3″	24‴

Nun müssten wir, wenn uns keine Tabellen zu Gebote ständen, die geocentrische Länge und Breite des Mondes mit Hilfe der oben gegebenen trigonometrischen Formeln berechnen. Tab. IX und X entheben uns dieser Mühe. Tab. X, welcher die Formel (vgl. oben) $\text{tang. } \beta = \frac{\sin. (\lambda - L) \text{ tg. } b}{\sin. C}$ zu Grunde liegt, giebt uns für jedwedes Argument die ihm entsprechende Breite. Zu bemerken ist nur, dass die Breite nördlich ist, so lange das Argument weniger als 180° beträgt, und dass sie, wenn das Argument der Breite mehr als 180° hat, eine südliche ist. Dass bei einem Argument der Breite von 180° der Mond in der Ekliptik steht und demnach gar keine Breite hat, sieht wohl Jedermann ein, und braucht nicht erst gezeigt zu werden. Für 68° giebt uns die Tabelle die Breite direct, denn wir finden in der dritten Rubrik unter der 8. Stellenzahl 4° 46′ 17″. Für den andern Theil des Arguments müssen wir die Breite auf dieselbe Weise wie bei der Gleichung der Bahn herausbekommen. 69° entspricht die Breite 4° 48′ 16″. Die Differenz zwischen den Breiten der zwei aufeinander folgenden Argument der Breite 68°, 69° beträgt 1′ 59″ und wir haben folgende Proportion:

x : 51′ 3″[1] 1′ 59″ : 60′
x : 3063″ 119″ : 3600″
x 1′ 41″ 14‴

Die ganze nördliche Breite des Mondes macht demnach 4° 47′ 58″ 14‴ aus. Die Tabelle zur Reduction der Mondeslängen ist auf die Formel $\text{tang.}\ (\lambda - L) \quad \frac{r' \sin.\ C}{r' \cos.\ C - R}$ basirt und giebt uns gleichfalls alle möglichen Rectascensionen des Mondes. In der dritten Rubrik finden wir unter der 8. Stellenzahl 4′ 43″, d. h. dem Argument der Breite von 68° entspricht diese Rectascension; für 51′ 2″ 24‴ müssen wir dieselbe vermittelst einer Proportion bestimmen. Für 69° wird die Rectascension um 11″ kleiner, demnach gilt: x : 51′ 3″ 24‴ 11″ : 60′; x 9″ 21″. Soviel müssen wir von 4′ 43″ subtrahiren, um die entsprechende Rectascension aufs genaueste zu bestimmen. Dem Argument der Breite 68° 51′ 2″ 24 entspricht demnach die negative Rectascension 4′ 33″ 39‴. Um soviel ist die Länge des Mondes in seiner Bahn grösser als in der Ekliptik.

Länge des Mondes in seiner Bahn	149° 33′ 30″ 29‴
Rectascension des Mondes	— 4 33 39
Reducirte Länge des Mondes . .	149° 28′ 56″ 50‴

Man wird demnach am 31. December 1871 Mittags 12h Br. Merid. den Mond 29° 28′ 56″ 50‴ im Zeichen des Löwen beobachten.

V. Aufgabe. **Die geocentrische Länge und Breite des Mondes für den 15. Tebeth 5632, Morgens 6 Uhr, Jerusalemer Meridian zu bestimmen.**

Die zwischen unserer Epoche und diesem Augenblick liegende Zeit wird für Jerusalem, das 1h 13′ 12″ östlicher als Breslau liegt, 70d 11h 11′ 55″ ausmachen. Sehen wir, welche Veränderungen die Elemente der Mondbahn seit unserer Epoche erlitten.

[1]) Den noch restirenden 24‴ des A. d. B. entsprächen 47^{IV}, die hier nicht von Belang sind.

	Mittlere Länge des Mondes				Mittlere Anomalie			
Epoche	249°	38′	42″		162°	49′	3″	
70 Tage . . .	202	20	52		194	32	57	
11 Stunden . .	6	2	21		5	59	17	
11 Minuten . .		6	2	21‴		5	59	17‴
55 Secunden .			30	11			29	56
	98°	8′	27″	32‴	3°	27′	46″	13‴

Die Gleichung der Bahn für 3° 27′ 46″ 13‴ berechnen wir wie in der früheren Aufgabe. Für 3° giebt die Tabelle 18′ 32″, für 4° hingegen 24′ 42″, also eine um 6′ 10″ grössere Gleichung der Bahn. Wir haben demnach folgende Proportion:

x : 27′ 46″ 13‴ 6′ 10″ : 60′

x 2′ 51″ 13‴

Für die mittlere Anomalie	3°	27′	46″	13‴ beträgt also die
Gleichung der Bahn	—	21	23	13
demnach ist die wahre Anomalie	3°	6′	23″	0‴

Mittlere Länge des Mondes	98°	8′	27″	32‴
Gleichung der Bahn	—	21	23	13
Wahre Länge des Mondes	97°	47′	4″	19‴

Sehen wir nun, welche Veränderung die Länge des aufsteigenden Knoten seit unserer Epoche erlitten, d. h. berechnen wir das Complement der Länge des aufsteigenden Knoten für den in unserer Aufgabe angegebenen Augenblick.

Epoche	275°	20′	0″	
70 Tage . . .	3	42	24	
11 Stunden .		1	27	
11 Minuten .			1	27‴
35 Secunden .				7
Complement der Länge des Knoten	279°	3′	52″	34‴
Länge des Mondes in seiner Bahn	97	47	4	19
Argument der Breite	16°	50′	56″	53‴

Die geocentrische Breite des Mondes finden wir in Tab. X zum Theil direct, zum Theil durch eine Proportion. Für 16° ist die Breite 1° 25′ 2″, für 17° hingegen 1° 30′ 12″; die Differenz beträgt also für einen Grad 5′ 10″, für 50′ 56″ 53‴ wird demnach die Breite um 4′ 23″ 4‴ grösser sein und im Ganzen 1° 29′ 25″ 4‴ betragen. Auf dieselbe Weise berechnen wir vermittelst der Tabelle zur Reduction der Länge des Mondes die dem Argument der Breite entsprechende Rectascension des Mondes. Diese beträgt für 16°, wie die Tabelle in der ersten Rubrik unter der 16. Stellenzahl links zeigt, 3′ 36″, für 17° hingegen 3′ 48″, also um 12″ mehr; demnach entspricht dem anderen Theile des Arguments der Breite: 50′ 56″ 53‴ die Rectascension 10″ 11‴.

Von der Länge des Mondes	97° 47′ 4″ 19‴	ist demnach
die Rectascension	3 46 11	abzuziehen und
die reducirte Länge	97° 43′ 18″ 8‴	

Man wird also am 15. Tebeth 5632 Morgens 6 Uhr Jerusalemer Meridian den Mond 7° 43′ 18″ 8‴ im Zeichen des Krebses beobachten, und seine geocentrische nördliche Breite wird in diesem Augenblick 1° 29′ 25″ 4‴ ausmachen.

Diese wenigen Beispiele werden genügen, die Theorie der Mondbahn zu veranschaulichen. Aber wir sind noch immer nicht am Ziele. Denn um an die Moladberechnung geben zu können, müssen wir vorerst die mannigfachen Störungen, welche der Mond in seiner Bewegung erleidet, näher kennen lernen. Erst nachdem wir die verschiedenen Irregularitäten, denen der Mond in seiner Bahn unterworfen ist, zu berechnen im Stande sein werden, können wir die Berechnung der Novilunien zeigen. Wir gehen demnach jetzt zu den Perturbationen über.

Perturbationen [1]).

Wir haben bei unseren bisherigen Berechnungen sowohl die Ekliptik als auch die Mondbahn für eine wirkliche Ellipse betrachtet, für eine Ellipse, die das Resultat blos zweier Hauptkräfte, der Anziehungskraft der Sonne und der Centrifugalkraft der Planeten, ist und glaubten in Folge dessen ihre Elemente aufs genaueste berechnen zu können. Wir haben aber hierbei ausser Acht gelassen, dass die Sonne der Mittelpunkt gar vieler Himmelskörper ist, das Centrum von Planeten und Kometen, die nach dem allgemeinen Gesetz der Anziehungskraft ihre Einwirkung auf einander zu üben nicht verfehlen, so dass die Ekliptik sowohl als auch jede andere Planetenbahn keineswegs eine wirkliche Ellipse, sondern vielmehr eine zusammengesetzte, jeden Augenblick veränderliche krumme Linie bildet. Dieser Umstand alterirt gar mannigfach unsere bisher verhältnissmässig sehr einfachen Berechnungen, denn um die Bahn des Planeten genau zu bestimmen, müssten wir den Ort, die Geschwindigkeit und Richtung eines jeden zum Sonnensystem gehörenden Körpers für jeden Augenblick kennen; wir müssten, um beispielsweise die Pertu-

[1]) Wir folgen hier zumeist der Darstellung Littrow's und Mädler's, die Tabellen haben wir aus Slouimski's Toldoth haschamajim entlehnt.

bationen, welche die Erde von allen übrigen Planeten in jedem Moment erleidet, zu bestimmen, vorerst die Störungen kennen, welche jeder dieser Planeten von allen Anderen und auch von der Erde erfährt. Jedoch auf solche complicirte Operationen brauchen wir uns hier schon aus dem Grunde nicht einzulassen, weil sie nicht von Belang sind, und wir ohne ungenau zu sein nur die Störungen, welche der keinen Pertubationen unterworfene Körper ausübt, zu berechnen nöthig haben. Es kommen demnach immer nur 3 Körper in Betracht: die Sonne, der störende und der in seiner Bahn gestörte Körper. Dieses Problem der drei Körper, das Newton aufgestellt und in seinen vorzüglichsten Theilen auch gelöst hat, dieses Problem hat selbst in unserer Zeit eine nur genäherte Auflösung gefunden, aber man darf nie und nimmer vergessen, dass diese Annäherung zur Wahrheit auch das Höchste ist, was erreicht werden konnte und kann. — Man unterscheidet zweierlei Pertubationen. Die Störungen, welche die Planeten unter einander in Folge ihrer gegenseitigen Stellung, die zu gewissen Zeiten eintritt, erfahren, werden periodische genannt. Durch diese Aenderung der Planeten in ihrer Bahn muss aber auch die Bahn selbst eine Modification an Gestalt, Lage und vielleicht auch an Grösse erleiden. Diese zweiten Störungen, die allerdings auch von den andern Planeten abhängen und die sich nicht auf den gestörten Planeten, sondern vielmehr auf die Elemente seiner Bahn beziehen, diese Störungen kehren erst nach grösseren Perioden wieder, weshalb sie auch seculäre Pertubationen heissen. Beide Arten von Störungen müssen wir nun sowohl bei der Ekliptik als auch bei der Mondbahn insofern berücksichtigen, als sie eine merkliche Aenderung hervorrufen, d. h. wir müssen unsere bisherigen Berechnungen gewissermassen rectificiren. Die Ekliptik betreffend, muss von vornherein erklärt werden, dass sowohl die Bahn selbst als auch der Ort der Erde in ihrer Bahn durch die sie zunächst umgebenden Planeten nur sehr wenig gestört werden. Im ungünstigsten Falle kann die Länge der Erde um 40″ und ihre Entfernung von der Sonne nur um den zehntausendsten Theil ihrer mittleren Distanz von derselben verrückt werden; und diese geringe Einwirkung liegt zum Theil in der verhältnissmässig geringen Masse, zum Theil in der allzugrossen Entfernung der störenden Körper. Die Perturbationen der Erde in ihrer Bahn haben wir schon, ohne dass wir sie kannten, so weit es nöthig war, berücksichtigt. Wir wollen sie hier nur unter ihrem eigentlichen Namen anführen und die Bemerkung einfügen, dass sie ein Resultat der entgegengesetzten Einwirkung der Sonne und des Mondes auf die Erde sind. Diese Perturbationen sind in der Astronomie unter dem Namen Praecession, Nutation und seculäre Abnahme der Schiefe der Ekliptik bekannt. Schon Hipparch führte die jährlich um 50,2113″ zunehmende Länge der Fixsterne bei unveränderter Breite auf das Rückwärtsgehen des Aequators auf der festen Ebene der Ekliptik zurück; denn wenn sie in der Veränderung der Schiefe der Ekliptik läge, müsste ja auch die Breite der Fixsterne eine Veränderung zeigen. Diese Bewegung der Fixsterne nennt man Praecession. Am klarsten können wir uns die Praecession dadurch vorstellen, dass wir den Aequator jährlich um 50,2113″ mit sich selbst parallel rückwärts gehen lassen, wodurch auch der Frühlingspunkt jährlich um diese Grösse rückwärts geht. Da aber der veränderliche Pol des veränderlichen Aequators um den constanten Pol der constanten Ekliptik einen Kreisbogen beschreibt, können wir uns die zunehmende Länge der Sterne auch so vorstellen, dass der Pol des Aequators um den festen Pol der Ekliptik als um einen festen Mittelpunkt einen Kreis zurücklegt, dessen Halbmesser der Schiefe der Ekliptik gleich ist. Diese Bewegung des Aequator-Pols stellt die Erscheinung nur im Grossen dar. Der Pol des Aequators bleibt aber, wie genaue Beobachtungen gezeigt, nicht immer in der Peripherie des Kreises, sondern bald nähert er sich dem Mittelpunkte desselben, bald entfernt er sich von ihm, zuweilen schreitet er auch durch einige Jahre etwas vorwärts. Das Maximum jener Annäherung und Entfernung ist 9″ und das grösste Vorwärtsschreiten beträgt 18″. Dieses Schwanken des Pols nennt man Nutation, die eine Periode von 19 Jahren hat, nach welcher Zeit sie sich in derselben Ordnung wiederholt. Beide Erscheinungen, die Praecession und die Nutation haben ihren Grund in der veränderlichen Lage unserer Erdaxe und in der Anziehungskraft, welch Sonne und Mond auf die an ihren Polen abgeplattete Erde ausüben. Auf einer wirklich kugelförmigen Erde hätten wir keine Praecession, aber auch die Nutation müsste verschwinden, wenn die Mondbahn mit der Ebene der Ekliptik zusammenfiele. Die Erdbahn nähert sich in Folge der Einwirkung, die die Planeten des Sonnensystems auf dieselbe ausüben, dem Aequator in hundert Jahren um 48,368″, aber zusammenfallen mit derselben wird sie deshalb doch keineswegs. Diese Veränderung ist periodisch und, wie die genauesten Untersuchungen ergeben, ist der analytische Ausdruck dieser Aenderung der Zeit nicht proportional. Nach Lagrange's Untersuchungen hatte die Schiefe der Ekliptik im Jahre 29400 v. Ch. ihren grössten Werth 27° 31′, im Jahre 14400 ihren kleinsten 21° 20′. Im Jahre 2000 v. Ch. war sie wieder in ihrem grössten Werthe 23° 53′ und erst im Jahre

8600 n. Ch. wird sie den kleinsten Werth von 22° 54′ haben. In unserer Zeit beträgt die Schiefe der Ekliptik 23° 27′ 54″, nach Lagrange wird sie also um 33′ 54″ abnehmen.

Auch der Mond erleidet von den Planeten keine Störung, aber desto grösser sind seine Perturbationen seitens der Sonne. Denn obgleich sie 400mal weiter von der Erde entfernt ist, wirkt sie doch durch ihre Masse, die 350,000mal grösser als die der Erde ist, so bedeutend auf den Mond, dass sein Ort in der Bahn um 2° verrückt werden kann. Wir dürfen nämlich nicht vergessen, dass es der gemeinschaftliche Schwerpunkt der Erde und des Mondes ist, welcher in der Zeit eines Jahres seine elliptische Bahn um die Sonne zurücklegt; erwägen wir ferner, dass die Distanz der Sonne vom Monde zuweilen 0,0025mal grösser, zuweilen 0,0025mal kleiner ist als ihre Distanz von der Erde und dass hierdurch wie auch durch die bald der Sonne zu— bald von ihr abgewendete Bewegung des Mondes auch seine Geschwindigkeit bald vergrössert, bald vermindert wird, so kann es uns nicht befremden, dass dieser Satellit unserer Erde solch beträchtliche Störungen erleidet. Dieses Alles muss uns nur die Ueberzeugung beibringen, dass die Anwendung der elliptischen Bewegung der Planeten auf den Mond keineswegs ausreicht, seinen Ort am Himmel für jedwede Zeit zu bestimmen. Schon durch die beträchtliche Excentricität der Mondesbahn allein wird die rein elliptische Bewegung des Mondes um die Erde sehr ungleichförmig, da die Gleichung der Bahn in Folge der grossen Excentricität auf mehr als 6° gehen kann; aber die grossen und merkwürdigen Ungleichheiten, welche der Mond vorzüglich in seiner Länge erleidet, werden durch die Wirkung der Sonne herbeigeführt. Die grösste dieser periodischen Störungen ist die unter dem Namen Evection bekannte. Sie ist gleich dem Winkel 1°,342, multiplicirt mit dem Sinus der doppelten Winkeldistanz des Mondes von der Sonne, weniger der Winkeldistanz des Mondes von seinem Perigeum. Nennt man A die Differenz der Länge des Mondes und der Sonne, B die mittlere Anomalie der Sonne, so lässt sich die Evection durch das Product 1°,342 sin. 2A — B ausdrücken. In den Syzygien d. h. zur Zeit des Neu- und Vollmondes vermischt sich die Evection mit der Gleichung der Bahn und die Länge des Mondes ist daher immer grösser als sie nach der rein elliptischen Bewegung sein sollte, während sie in den beiden Quadraturen um dieselbe Grösse kleiner ist. Diese Erscheinung steht mit der sehr schnellen Bewegung der Apsidenlinie am Himmel in engem Zusammenhang. Fallen diese Apsiden mit den Quadraturen zusammen, so ist die Veränderung, welche die auf den Mond ausgefühlte Centralkraft unserer Erde durch die Sonne erleidet, viel geringer als sonst; demnach wird sich der Mond auf seinem Wege vom Perigeum zum Apogeum auch weniger von der Erde entfernen, oder seine Excentricität wird kleiner erscheinen. Und auch vom Apogeum zum Perigeum wird er sich in Folge der schwachen Anziehungskraft der Erde im Perigeum weiter von ihr entfernen, so dass seine Excentricität wieder kleiner erscheint. Fallen aber die Apsiden mit den Syzygien zusammen, so ist die Veränderung, welche die Centralkraft der Erde erleidet grösser, mithin wird auch die Excentricität der Mondbahn grösser erscheinen und die Länge des Mondes zunehmen. Eine zweite Störung, die der Mond in seiner Länge erfährt, ist die jährliche Gleichung, die durch $0^{\circ},19$ sin. C (mittl. Anomalie d. S.) ausgedrückt wird. Die Centralkraft, welche die Erde auf den Mond ausübt, wird nämlich in den Quadraturen um ihren $^1/_{180}$ Theil durch die Sonne vermehrt und in den Syzygien um das Doppelte vermindert. Dieser im Allgemeinen constanten Verminderung der Centralkraft unserer Erde ist die Verminderung der Geschwindigkeit des Mondes analog und ihre Grösse ist dem Sinus desselben Winkels proportional. Eine dritte, doch weniger wichtige Störung ist die unter dem Namen Variation bekannte. Diese Perturbation erreicht in den vier Octanten ihren grössten Werth und verschwindet in den Syzygien und Quadraturen; ihr Ausdruck ist $0,35^{\circ}$ sin. 2 A. Die kleinen Störungen, welche Laplace, dem die Theorie des Mondes ihre Vollkommenheit verdankt, entdeckt und erklärt hat, wollen wir hier unerwähnt lassen und nur kurz der seculären Störungen des Mondes gedenken.

Durch den kleinen Winkel, welchen die Mondbahn mit der Ekliptik bildet, wird der Mond in Folge der Attraction der Sonne der Erdbahn immer näher gebracht. Der Mond erreicht hierdurch die Ekliptik viel eher als es ohne die Anziehungskraft der Sonne der Fall wäre, oder anders ausgedrückt, die Knoten der Mondesbahn eilen dem von West gegen Osten kreisenden Monde entgegen, sie gehen rückwärts von Ost nach West. Diese Bewegung ist insofern einer Veränderung unterworfen, als sie von der Entfernung der Sonne und der Erde vom Monde abhängt. Die Beobachtung zeigt, dass sie in den Syzygien am grössten und in den Quadraturen am kleinsten ist; die seculäre Störung der Knotenlinie nimmt mit jedem Jahrhundert um 7",88 ab. Aber nicht nur die Knoten auch die Apsidenlinie erleidet in Folge der durch die Attraction der Sonne bald vergrösserten bald verkleinerten Entfernung des Mondes von der Erde eine Aenderung ihrer Lage. Und weil doch die grosse Axe der Mondbahn der Sonne folgt, muss auch ihre Bewegung eine directe sein, d. h. sie wird von

West gegen Ost fortrücken. Die seculäre Störung dieser Bewegung, welche gleichfalls mehreren Ungleichheiten unterworfen ist, besteht darin, dass sie in 100 Jahren um 32'',16 abnimmt. Die wichtigste unter den seculären Störungen jedoch ist die Acceleration der mittleren Bewegung des Mondes. Der Satellit unserer Erde macht nämlich eine Ausnahme von dem Naturgesetze, nach welchem sowohl die Umlaufszeiten der Planeten um die Sonne wie der Satelliten um die Hauptplaneten als auch — nach dem 3. Kepler'schen Gesetze. — die grossen Halbaxen ihrer Bahnen constante Grössen sind. Halley war es, der zuerst darauf aufmerksam machte, dass die mittlere Bewegung des Mondes seit 200 v. Ch. immer schneller und die Zeit zwischen zwei nächsten Conjunctionen demnach immer kleiner werde. Lagrange und Laplace haben dem Grunde dieser Ausnahme nachgespürt und Letzterer hat es über allen Zweifel erhoben, dass die Acceleration der mittleren Bewegung des Mondes in der Veränderung, welcher die Excentricität der Erdbahn, unterworfen ist, ihren ausreichenden und erklärenden Grund findet. Den Beobachtungen gemäss wird die Excentricität der Erdbahn seit den ältesten Zeiten immer kleiner, so dass die elliptische Erdbahn, obgleich ihre grosse Axe unveränderch ist, dem Kreise immer näher kommt. Hierdurch rückt auch die Sonne dem Mittelpunkte der Mondbahn immer näher, und diese immer grössere Einwirkung der Sonne beschleunigt die mittlere Bewegung des Mondes. Die mathematische Analyse giebt die Veränderung der mittleren Bewegung des Mondes mit der Beobachtung vollkommen übereinstimmend. Die Laplace'sche Formel, welche diese Veränderung präcise ausdrückt, ist die folgende:

$$10'',\ 7232\ t^2 + 0'',\ 01936\ t^3$$

Wenn t die seit 1800 verstrichenen Jahrhunderte bezeichnet, so ist der während dieser Zeit zurückgelegte Weg des Mondes um diese Summe von Secunden grösser oder, was dasselbe ist, der Mond bewegt sich um

$$21'',\ 1113\ t^2 + 0''\ 038114\ t^3$$

Zeitsecunden schneller. Das Epochenjahr ist 1800; natürlich ist, wenn t die vor diesem Epochenjahre liegenden Jahrhunderte bezeichnet, sein Werth ein negativer und die Formel ist alsdann

$$10'',\ 7232\ t^2 - 0''\ 01936\ t^3$$

$$21'',\ 1113\ t^2 - 0''\ 038114\ t^3$$ [1])

---

[1]) Mit Hilfe dieser Formel können wir die Länge des synodischen Monates aus welcher Zeit immer berechnen. Anstatt t setze man $t + \frac{1}{1237} - t$, so wird die Differenz den Zuwachs, resp. die Abnahme des synodischen Monates gegen die

Auch die seculären Störungen, welche die Bewegung der Knoten und der Apsidenlinie erleiden, wurzeln in der Veränderlichkeit der Excentricität unserer Erdbahn. Die drei Störungen stehen in dem Verhältniss 1, 3, 0,75 zu einander, wie dies aus Laplace's Berechnungen evident hervorgeht. Möge nun die betreffende Stelle aus seinem berühmten Werke hier zum Schluss angeführt sein. „L'un des plus intéressants résultats de la théorie de la pesanteur est la connaissance des inégalités séculaires de la lune. Les anciennes éclipses indiquaient dans son mouvement moyen une accéleration, dont on a cherché long-temps et inutilement la cause. Enfin la théorie m'a fait connaître qu'elle dépend des variations séculaires de l'excentricité de l'orbe terrestre, que la même cause ralentit les moyens mouvemens du périgée de la lune et de ses noeuds quand celui de la lune s'accélère; et que les équations séculaires des moyens mouvemens de la lune, de son périgée et de ses noeuds sont constamment dans le rapport des nombres 1,3 et 0,75. Les siécles à venir développeront ces grands inégalités, qui sont periodiques comme les variations de l'excentricité de l'orbe terrestre, dont elles dépendent et qui produiront un jour des variations au moins égales au quarantième de la circonférence, dans le mouvement séculaire de la lune et au douzième de la circonférence, dans celui de son périgée. Déjà les observations les confirment avec un précision remarquable: leur découverte me fit juger qu'il falloit diminuer de quinze à seize minutes le mouvement séculaire actuel du périgée lunaire, que les Astronomes avaient conclu par la comparaison des observations modernes aux anciennes: toutes les observations faites depuis un siécle, ont mis hors de doute ce résultat de l'analyse." [1])

Nachdem wir die Theorie der Störungen im Allgemeinen besprochen, wollen wir nun mit Hilfe der für die wichtigeren Perturbationen angelegten Tabellen den wahren Ort des Mondes, die mittlere und wahre Conjunction in einigen Aufgaben berechnen. Man wird

---

Länge vom J. 1800 ausdrücken. Wollen wir nun wissen, wie gross der synodische Monat im Jahre 800 n. Ch. gewesen, so wird die Formel sein

$$21'', 1113 \left[(10 \tfrac{1}{1237})^2 - 10^2 \right] - 0'',038114 \left[(10 \tfrac{1}{1237})^3 - 10^3 \right]$$

$$21, 1113 \left(\frac{2 \times 10}{1237} \right) - 0'',038114 \left(\frac{3 \times 10}{1237} \right) = 19''',929$$

Um 19''',929 war also der synodische Monat im Jahre 800 n. Ch. grösser als i. J. 1800, d. h. er war = 29d 12h 44′ 2″ 50‴, 168 + 19‴, 929 = 29d 12h 44′ 3″ 10,117; und ebenso wird die Länge des synodischen Monates im J. 2800 29d 12h 44′ 2″ 50‴ 188 — 19‴, 929 = 29d 12h 44′ 2″ 30‴,259. Vgl. oben S. 12.

[1]) Mécanique célest. III. p. 175 ff.

wohl von uns nicht erwarten, dass wir hier alle Perturbationen berücksichtigen; eine solche Aufgabe liegt nicht innerhalb der engen Grenzen unserer Arbeit, und wir konnten uns ihrer um so eher erwehren, als doch alle anderen Störungen zusammengenommen keine Aenderung von einer Minute ausmachen.

VI. Aufgabe. Den wahren Ort des Mondes für den 27. Januar 1872, Vormittags 11 Uhr, 15' Breslauer Meridian zu berechnen.

Die seit unserer Epoche bis zu diesem Augenblick verflossene Zeit beträgt 101 Tage 17 Stunden 40 Minuten 7 Secunden. Zuvörderst berechnen wir die Veränderungen, welche sowohl die mittlere Länge des Mondes als auch die mittlere Anomalie und das Complement der Länge des Knoten während dieses Zeitraumes erlitten.

	Mittlere Länge des Mondes			Mittlere Anomalie			Complement der Länge des Knoten		
Epoche	249°	38'	42"	162°	49'	3"	275°	20'	0"
100 Tage . . .	237	38	23	226	29	56	5	17	44
1 Tag. . . .	13	10	35	13	3	54		3	10
17 Stunden .	9	19	59	9	15	15		2	15
40 Minuten .		21	57		21	46			5
7 Secunden.			3			3			0
	150°	9'	39"	51°	59'	57"	280°	43'	14"

Da nun aber die Störungen des Mondes von der Sonne herrühren, müssen wir auch deren wahre Länge für den in unserer Aufgabe bezeichneten Augenblick berechnen.

	Mittlere Länge der Sonne				Länge des Perihels		
Epoche	205°	43'	36"	36'''	100°	43'	18"
100 Tage . . .	98	33	53				17
1 Tag . . .		59	8				0
17 Stunden .		41	53				0
40 Minuten .		1	37	38			0
7 Secunden				17			
	306°	0'	8"	31'''	100°	43'	35"

Die mittlere Anomalie ist demnach 205° 16' 33" 31'''; dieser entspricht die positive Gleichung der Bahn 50' 12" 20''', so dass die wahre Länge der Sonne 306° 50' 20" 51''' beträgt. Nun wollen wir die Perturbationen, welche die mittlere Länge des Mondes erleidet, berechnen. Zu diesem Behuf suchen wir in der Tabelle für die jährliche Gleichung, da diese Störung sich immer nach der Entfernung der Erde von der Sonne richtet, die der mittleren Anomalie entsprechende Zahl auf. Hier finden wir — 4′ 52″ 2‴, d. h. die mittlere Länge des Mondes beträgt um so viel weniger. Um ferner die Grösse der Evection zu bestimmen, müssen wir die wahre Länge der Sonne von der mittleren Länge des Mondes subtrahiren, von dem Zweifachen dieser Differenz die mittlere Anomalie des Mondes abziehen und schliesslich in der Tabelle für die Evection die diesem letzten Reste entsprechende Störung aufsuchen.

Mittlere Länge des Mondes . .		150°	9′	30″	
Wahre Länge der Sonne . . . =		306	50	20	51‴
		203°	19′	18″	9‴ × 2
		406°	38′	36″	18‴
Mittlere Anomalie des Mondes		51	59	57	
		354°	38′	39″	18‴

Dieser letzten Differenz entspricht die Evection von 7′ 23″ 33‴, die positiv ist. Demnach müssen wir sowohl die mittlere Länge des Mondes als auch seine mittlere Anomalie berichtigen.

	Mittlere Länge des Mondes				Mittlere Anomalie			
	150°	9′	30″		51°	59′	57″	
Jährliche Gleichung =	—	4	52	2‴	—	4	52	2‴
Evection . . . . =	+	7	23	33	+	7	23	33
	150°	12′	10″	31‴	52°	2′	28″	31‴

Für die mittlere Anomalie des Mondes müssen wir jedoch auch die Störung berechnen, welche die Länge des Perigeums von der Sonne erleidet und die natürlich auch bei ihr sich geltend macht. Diese Perturbation, welche gleichfalls von der mittleren Anomalie der Sonne abhängt, beträgt, wie man aus Tabelle VII berechnen kann, — 9′ 28″ 31‴. Die rectificirte mittlere Anomalie des Mondes ist demnach 51° 53′. Jetzt erst können wir die Gleichung der Bahn und durch diese die wahre Anomalie und Länge des Mondes bestimmen.

Mittlere Anomalie	51°	53′		
Gleichung der Bahn . . . . =	—4	45	14″	49‴
Wahre Anomalie . . . . . . =	47°	7′	45″	17‴
Wahre Länge in der Bahn =	145°	26′	55″	48‴

Bevor wir jedoch an die Reduction dieser Länge gehen, müssen wir auch die Störung berücksichtigen, welche die Länge des Knoten erleidet. Da diese, wie die Perturbation des Perigeums, von der Sonne bewirkt wird, müssen wir auch bei ihr von der mittleren Anomalie der Sonne ausgehen.

Dieser entspricht in Tabelle VIII die Störung + 4′ 0″ 28‴. Demnach ist

das Complement der Länge des Knoten	280° 47′ 14″ 28‴
die Länge des Mondes in seiner Bahn .	145 26 55 48
Argument der Breite.	66° 14′ 10″ 16‴

Diesem Argument entspricht, wie man sich aus Tabelle X überzeugen kann, die nördliche Breite 4° 42′ 34″ 26‴; ebenso finden wir in Tabelle IX die entsprechende Rectascension — 5′ 0″ 39‴. Um so viel ist die wahre Länge des Mondes in der Ekliptik kleiner als in seiner Bahn. Jetzt erst ist unsere Aufgabe gelöst. Die wahre Länge des Mondes wird am 27. Januar 1872, Vormittags 11 Uhr 15′ in Breslau 145° 21′ 55″ 9‴ betragen, oder der Mond wird 25° 21′ 55″ 9‴ im Zeichen des Löwen stehen.

VII. Aufgabe. Die mittlere Conjunction, d. h. den Augenblick zu berechnen, in welchem Sonne und Mond in ihrer mittleren Bewegung sich begegnen.

Durch die Comparation der mittleren Länge des Mondes und der Sonne lässt sich die Conjunction, der Moment, in welchem Beide ein und dieselbe mittlere Länge hatten, auf die leichteste Weise berechnen. Nennen wir die Zeit seit oder bis zur Conjunction x, die mittlere Bewegung des Mondes c, die der Sonne C, ferner die mittlere Länge des Mondes l und die der Sonne L, so können wir folgende Gleichungen aufstellen und den Werth des Unbekannten auf das Genaueste bestimmen.

$$l - xc = L - xC \qquad\qquad l + xc = L + xC$$
$$xc - xC = l - L \qquad\qquad xc - xC = L - l$$
$$x(c - C) = l - L \qquad\qquad x(c - C) = L - l$$
$$x = \frac{l - L}{c - C} \qquad\qquad x = \frac{L - l}{c - C}$$

In Worten ausgedrückt werden diese Formeln lauten: Die seit der Conjunction verstrichene Zeit ist gleich der Mondeslänge weniger der Sonnenlänge und die bis zur Conjunction zu verstreichende Zeit der Sonnenlänge weniger der Mondeslänge, dividirt durch die Differenz der täglichen resp. stündlichen Bewegung der Sonne und des Mondes. In unserer Epoche beträgt die mittlere Länge der Sonne 205° 43′ 30″ 36‴, die des Mondes 249° 38′ 42″, die Differenz ist demnach 43° 55′ 5″ 24‴. Die tägliche Bewegung des Mondes ist 13° 10′ 35″, die der Sonne 59′ 8″, ihre Differenz macht mithin 12° 11′ 27″ aus; ebenso beträgt der Unterschied ihrer stündlichen Bewegung 32′ 56″ — 2′ 27″ = 30′ 20″. Sehen wir nun, wann die letzte Conjunction vor unserer Epoche, die des Monates Marcheschwan, gewesen.

43° 55′ 5″ 24‴	: 12° 11′ 27″	= 3 Tage
36 34 21		
7° 20′ 44″ 24‴	: 30′ 29″	14 Stunden
7 6 46		
13′ 58″ 24‴	: 30″ 29‴	27 Minuten
13 43 3		
15″ 21‴	: 30‴ 29^{IV}	30 Secunden
15 14 30^{IV}		
0‴ 30^{IV}	: 30^{IV} 29^{V}	– 12,7 Terzen
6 27 8^{V}		
2^{IV} 52^{V}		

Also 3d 14h 27′ 30″ 12‴,7 vor unserer Epoche, d. i. Sonnabend am 14. October, Morgens 3 Uhr 7′ 22″ 47‴,3 war die mittlere astronomische Conjunction, während unser kalendarischer Molad Marcheschwan Morgens um 6 Uhr 8′ 36″ 40‴ eintrat. Die astronomische Conjunction ereignete sich demnach 3h 1′ 13″ 53‴ früher. Von dieser Differenz ist jedoch, da unser Kalender auf den Jerusalemer Meridian gegründet ist, die Distanz der heiligen Stadt in Abzug zu bringen, so dass der eigentliche Unterschied zwischen unserem Molad und der mittleren astronomischen Conjunction 1h 46′ 1″ 53‴ ausmacht.

VIII. Aufgabe. Die wahre Conjunction zu berechnen.

Wie bei der Tekupha, so ist auch beim Molad das zwischen der mittleren und wahren Conjunction obwaltende Zeitverhältniss durch die mittlere Anomalie bedingt. Ist es doch klar und einleuchtend, dass die wahre Bewegung des Mondes vom Perigeum zum Apogeum kleiner und wieder vom Apogeum zum Perigeum grösser als die mittlere ist. Bei einer negativen Gleichung der Mondbahn wird also der wahre Molad nach und bei einer positiven vor dem mittleren sich ereignen. Um nun dieses frühere oder spätere Eintreten der wahren Conjunction zu erfahren, müssen wir zuvörderst die mittlere Conjunction berechnen und die der mittleren Anomalie entsprechende Gleichung der Mondbahn aufsuchen. Hierbei können wir jedoch nicht stehen bleiben; denn um die dieser Gleichung entsprechende Zeit, wenn auch nur ungefähr, zu bemessen, müssen wir auch die wahre Länge der Sonne und des Mondes im Augenblick der mittleren Conjunction kennen. Im Moment des mittleren Molad Marcheschwan, am 14. October Morgens 3 Uhr 7′ 22″ 47‴,3 waren

die mittlere Länge der Sonne = 202° 10′ 35″
die mittlere Anomalie = 101 27 17

die Gleichung ber Bahn	=	— 1° 53′ 29″
die wahre Länge der Sonne	=	200 17 6
die mittlere Länge des Mondes	=	202 10 35
die mittlere Anomalie	=	115 45 13
Complement der Länge des Knoten	=	275 8 34

Die Elemente der Mondbahn müssen jedoch von ihren Störungen befreit oder besser nach deren Grösse rectificirt werden.

		Mittlere Länge des Mondes		Mittlere Anomalie
		202° 10′ 35″		115° 45′ 13″
Jährliche Gleichung	= +	10 58 6‴		10 58 6‴
Evection	= +	1 15 1 52		1 15 1 52
Störung des Perigeums			= +	21 22 11
		203° 36′ 34″ 58‴		117° 32′ 35″ 9‴

Gleichung der Bahn	= —	5 46 17 24
Wahre Anomalie	=	111 46 15 45
Wahre Länge in der Bahn	=	197 50 17 34
Complement der Länge des Knoten [1])	=	274 59 30 54
Argument der Breite	=	112 49 48 28
Rectascension.	= +	4 51 18
Reducirte Länge des Mondes	=	197° 55′ 8″ 52‴

Während also im Augenblick der mittleren Conjunction die wahre Länge der Sonne 200° 17′ 6″ beträgt, ist die des Mondes 197° 55′ 8″ 52‴. Die Differenz macht demnach 2° 21′ 57″ 8‴ aus, und so dürfte denn der Mond ungefähr in vier Stunden mit der Sonne zusammenkommen. Wir berechnen also die wahre Länge der Sonne und des Mondes, wie sie 4 Stunden nach der mittleren Conjunction gewesen und finden, dass diese 200° 14′ 54″ 23‴, jene dagegen 200° 27′ 10″ 30‴ betragen. Der Mond ist also noch immer 12′ 16″ 13‴ hinter der Sonne zurück. Sehen wir nun, wie sich das Verhältniss eine Stunde später gestaltet. Am Ende der fünften Stunde nach der Conjunction ist die wahre Länge des Mondes in der Ekliptik 200° 49′ 17″ 7‴, die wahre Länge der Sonne dagegen 200° 29′ 39″ 31‴. Der Mond hat mithin in der letzten Stunde einen Vorsprung von 19′ 37″ 36‴ vor der Sonne gewonnen und einen Weg von 34′ 22″ 44‴ zurückgelegt. Nun gilt es noch den Moment zu finden, in welchem Sonne und Mond von gleicher Länge waren, und diesen giebt uns folgende Proportion

34′ 22″ 44‴ : 12′ 16″ 13‴ = 1h : x

x = 21′ 24″ 53‴

---

[1]) Die Störung des Complements der Länge des Knoten beträgt — 9′ 3″ 6‴.

Die wahre astronomische Conjunction Marcheschwan war also 4h 21′ 24″ 53‴ nach der mittleren, d. i. Sonnabend am 14. October Morgens 7 Uhr 28′ 47″ 40‴, oder 1h 20′ 11″ nach unserem kalendarischen Molad.

Man kann übrigens noch exacter zu Werke gehen, indem man die wahre Länge der Sonne und des Mondes für den gefundenen Augenblick der Conjunction nochmals berechnet und die etwaige Differenz durch eine zweite Proportion ausgleicht. Doch genügt es in den meisten Fällen, es bei der ersten Proportion bewenden zu lassen.

Wenn wir nun das Facit aus diesen Berechnungen ziehen, so ergiebt sich uns, dass weder die Moledoth noch die Tekuphoth mit dem Himmel übereinstimmen. Diese Irregularitäten unseres Kalenders rühren zum Theil von den Perturbationen, zum Theil aber auch davon her, dass das unserem Kalender zu Grunde liegende tropische Sonnenjahr um mehr als 6′ grösser ist, denn das astronomische. In der Acceleration der Mondbewegung ist es begründet, dass der kalendarische Molad 1h 48′ 1″ nach der mittleren Conjunction eintritt, wie es an dem Ueberschusse des Adda'schen Jahres liegt, dass die mittleren Nachtgleichen und Solstitien um 4d 7h 13′ 14″ 8‴ früher als die Adda'schen Tekuphoth eintreten und dass die Tekuphath Nisan, auf die es doch vorzüglich ankommt, 0d 4h 45′ 47″ 44‴ später als das wahre Frühlings-Aequinoctium sich ereignet. Wollten wir auf diese Differenzen Rücksicht nehmen, so müssten wir die Moladberechnung sowohl als auch die Schaltordnung abändern. Denn wenn die mittlere astronomische Conjunction um mehr als 1,8h früher eintritt, müsste unser Molad Jach unberücksichtigt bleiben, d. h. Rosch haschanah einen resp. zwei Tage früher gefeiert werden, so oft die kalendarische Conjunction vor 19h 807ch sich ereignet und ebenso müssten wir an die Stelle von Gatrad und Betutakpat die Dechijoth ג׳ י׳ תתרע״א und ב׳ י״ו שע״ן setzen. Ferner brauchten wir nicht, wenn unsere Tekuphoth nach der mittleren Bewegung der Sonne berechnet werden, das 8. und 19. Jahr des Cyklus zu embolismischen zu machen, und wenn der Kalender auf die wahre Bewegung der Sonne basirt ist, könnte die Intercalation auch im 3. und 11. Jahre unterbleiben. Erwägt man jedoch, dass die Absicht der Chronologen, die den constanten Kalender eingeführt nur dahin ging, zu verhindern, dass das Passahfest nicht vor dem ersten und nicht nach dem zweiten Vollmond des Frühlings-Aequinoctiums gefeiert werde; bedenkt man ferner, dass es uns mehr um ein einheitliches Begehen der Feste als um die genaue Uebereinstimmung unseres Kalenders mit dem Himmel zu thun ist, so brauchen wir uns um die Irregularitäten unserer Zeitrechnung umsoweniger bange werden zu lassen, als doch nach der Auffassung des Talmuds die Beschlüsse des judäischen Synhedrin, auch wenn sie auf Irrthum beruhen, Gesetzeskraft haben. Wenn auch unser Pessach zweimal im Cyklus auf den zweiten Vollmond nach dem Frühlings-Aequinoctium fällt, so können wir uns umsoeher dabei beruhigen, als ja in der biblischen Epoche das Ueberschreitungsfest der Unreinen gleichfalls auf den zweiten Vollmond fiel. Die Kalendereform wird erst dann ein unabweisbares Bedürfniss sein, wenn die Differenzen so gross geworden, dass das Passahfest auf den dritten Vollmond nach der Sommer-Nachtgleiche fällt. Bis dahin werden Jahrtausende vorübergehen, und wir können daher ohne Scrupel Alles beim Alten belassen. Für eine Zeit, die so weit vor uns liegt — und es ist fraglich, ob sie überhaupt kommen wird; denn die Perturbationen sind nur periodisch und auch das tropische Sonnenjahr wird wieder grösser werden. — brauchen wir keine Sorge zu tragen, dürfen wir die Einheit des Judenthums, wie sie sich in unserer Festordnung manifestirt, keineswegs gefährden. Nur eine würdige Vertretung der gesammten Judenheit, nur ein Synhedrin, in welchem der echte Geist des Judenthums sich offenbart, kann die Befugniss zu einer Kalenderreform, und zwar blos für den Fall erhalten, dass sich diese als eine unumgängliche Nothwendigkeit herrausstellt. Sollte eine solche an das israelitische Volk einst herantreten, so wird es sicherlich von echt jüdischem Geist beseelte Vertreter der Wissenschaft in seiner Mitte und an seiner Spitze finden, welche die Einheit des Judenthums umsoeher zu wahren und zu erhalten verstehen werden, als doch der von Hillel II. eingeführte constante Kalender nur einiger Modificationen bedarf, um mit dem Himmel in Uebereinstimmung gebracht zu werden.

Astronomische Tabellen.

Tabelle I. für die Bewegung der Sonne.

Stunden. Minuten.	Mittlere Länge.		Tage.	Mittlere Länge.			Länge des Perihels.	Tage.	Mittlere Länge.			Länge des Perihels.
1	2′	27″	1		59′	8″	0″	40	39°	25′	33″	6″
2	4	55	2	1	58	16	0	50	49	16	56	8
3	7	23	3	2	57	25	0	60	59	8	19	10
4	9	51	4	3	56	33	0	70	68	59	43	11
5	12	19	5	4	55	41	0	80	78	51	6	13
6	14	47	6	5	54	50	1″	90	88	42	29	15
7	17	15	7	6	53	58	1	100	98	33	53	17
8	19	42	8	7	53	6	1	200	197	7	46	34
9	22	10	9	8	52	15	1	300	295	41	39	51
10	24	38	10	9	51	23	1	365	359	45	40	1′ 2″
11	27	6	11	10	50	31	1					
12	29	34	12	11	49	40	2″	Jahre.				
13	32	2	13	12	48	48	2	1	359°	45′	40″	1′ 2″
14	34	30	14	13	47	56	2	2	359	31	21	2 4
15	36	57	15	14	47	5	2	3	359	17	1	3′ 6
16	39	25	16	15	46	13	2	4	359	2	42	4 8
17	41	53	17	16	45	21	2	5	358	48	22	5 11
18	44	21	18	17	44	29	3″	6	358	34	2	6 13
19	46	49	19	18	43	38	3	7	358	19	43	7 15
20	49	16	20	19	42	46	3	8	358	5	23	8 17
21	51	44	21	20	41	54	3	9	357	51	3	9 19
22	54	12	22	21	41	3	3	10	357	36	44	10′ 21″
23	56	40	23	22	40	11	3					
24	59	8	24	23	39	20	4″					
25	1′	1″	25	24	38	28	4					
26	1	4	26	25	37	36	4					
27	1	6	27	26	36	15	4					
28	1	9	28	27	35	53	4					
29	1	11	29	28	35	1	4					
30	1	13	30	29°	34′	10	5″					

Tabelle II. für die Bewegung des Mondes.

Stunden. Minuten.	Mittlere Länge.	Mittlere Anomalie.	Länge des Knoten.	Tage.	Mittlere Länge.	Mittlere Anomalie.	Länge des Knoten.
1	0 32' 56"	0 32' 39	8"	1	13° 10' 35"	13° 3' 54	0 3' 10
2	1° 5 53	1° 5 19	16	2	26 21 10	26 7 48	6 21
3	1 38 49	1 37 59	23	3	39 31 45	39 11 42	9 32
4	2 11 45	2 10 39	31	4	52 42 20	52 15 35	12 42
5	2 44 42	2 43 18	39	5	65 52 55	65 19 29	15 53
6	3 17 38	3 15 58	47	6	79 3 30	78 23 23	19 3
7	3 50 35	3 48 38	55	7	92 14 5	91 27 17	22 14
8	4 23 31	4 21 18	1' 3"	8	105 24 40	104 31 11	25 25
9	4 56 28	4 53 57	1 11	9	118 35 15	117 35 5	28 35
10	5 29 24	5 26 37	1 19	10	131 45 50	130 38 59	31 46
11	6 2 21	5 59 17	1 27	11	144 56 25	143 42 53	34 57
12	6 35 17	6 31 57	1 35	12	158 7	156 46 47	38 7
13	7 8 14	7 4 36	1 43	13	171 17 35	169 50 41	41 18
14	7 41 10	7 37 16	1 51	14	184 28 10	182 54 35	44 29
15	8 14 7	8 9 56	1 59	15	197 38 45	195 58 29	47 39
16	8 47 3	8 42 36	2 7	16	210 49 20	209 2 23	50 50
17	9 19 59	9 15 15	2 15	17	223 59 55	222 6 17	54 1
18	9 52 56	9 47 55	2 23	18	237 10 30	235 10 11	57 11
19	10 25 52	10 20 35	2 31	19	250 21 5	248 14 5	1 0 22
20	10 58 49	10 53 15	2 39	20	263 31 40	261 17 59	1 3 32
21	11 31 45	11 25 54	2 46	21	276 42 15	274 21 53	1 6 43
22	12 4 42	11 58 34	2 54	22	289 52 50	287 25 47	1 9 54
23	12 37 38	12 31 14	3 2	23	303 3 25	300 29 41	1 13 4
24	13 10 35	13 3 54	3 10	24	316 14	313 33 35	1 16 15
25	13 43	13 36	3	25	329 24 35	326 37 29	1 19 26
26	14 16	14 9	3	26	342 35 10	339 41 23	1 22 36
27	14 49	14 41	3	27	355 45 45	352 45 17	1 25 47
28	15 22	15 14	3	28	8 56 20	5 49 10	1 28 58
29	15 55	15 47	3	29	22 6 55	18 53 4	1 32 8
30	16 28	16 20	4	30	35 17 31	31 56 58	1 35 19

Tabelle II. für die Bewegung des Mondes.

Minuten.	Mittlere Länge.	Mittlere Anomalie.	Länge des Knoten.	Tage.	Mittlere Länge.	Mittlere Anomalie.	Länge des Knoten.
31	17′ 1″	16′ 25″	4″	40	167° 3′ 21″	162° 35′ 58″	2° 7′ 5″
32	17 34	17 25	4	50	298 49 11	293 14 58	2 38 52
33	18 7	17 58	4	60	70 35 1	63 53 57	3 10 38
34	18 40	18 30	4	70	202 20 52	194 32 57	3 42 24
35	19 13	19 3	4	80	334 6 42	325 11 56	4 14 11
36	19 45	19 35	4	90	105 52 32	95 50 56	4 45 17
37	20 18	20 8	5″	100	237 38 23	226 29 56	5 17 44
38	20 51	20 41	5	200	115 16 45	92 59 51	10 35 27
39	21 24	21 13	5	300	352 55 8	319 29 47	15 53 11
40	21 57	21 46	5	365	129 23 5	88 43 14	19 19 43
41	22 30	22 19	5				
42	23 3	22 51	5	Jahre.			
43	23 36	23 24	5	1	129 23 5	88 43 14	19 19 43
44	24 9	23 57	5	2	258° 46′ 10″	177° 26′ 29	38 39 26
45	24 42	24 29	6″	3	28 9 15	266 9 44	57 59 9
46	25 15	25 2	6	4	157 32 20	354 52 58	77 18 52
47	25 48	25 35	6	5	286 55 25	83 36 13	96 38 35
48	26 21	26 7	6	6	56 18 31	172 19 28	115 58 18
49	26 54	26 40	6	7	185 41 35	261 2 42	135 18 1
50	27 27	27 13	6	8	315 4 4	349 45 57	154 37 44
51	28 0	27 45	6	9	84 27 46	78 20 12	173 57 27
52	28 33	28 18	6	10	213 50 51	167 12 26	193 17 10
53	29 6	28 51	7″				
54	29 38	29 23	7				
55	30 11	29 56	7				
56	30 44	30 29	7				
57	31 17	31 1	7				
58	31 50	31 34	7				
59	32 23	32 7	7				
60	32 56	32 56	8″				

Tabelle III. für die Gleichung der Sonnenbahn.

	— I. 1° — 30°	— II. 30° — 60°	— III. 60° — 90°	— IV. 90° — 120°	— V. 120° — 150°	— VI. 150° — 180°	
1	1' 58"	0° 58' 24"	1° 39' 51	1° 55' 26"	1° 39' 55	56' 57"	29
2	3 56	1° 6"	1 40 50	1 55 26	1 38 54	55 10	28
3	5 55	1 1 49	1 41 47	1 55 17	1 37 50	53 22	27
4	7 53	1 3 24	1 42 42	1 55 12	1 36 44	51 32	26
5	9 51	1 5 2	1 43 36	1 55 5	1 35 37	49 42	25
6	11 49	1 6 39	1 44 28	1 54 56	1 34 28	47 50	24
7	13 46	1 8 14	1 45 18	1 54 55	1 33 17	45 57	23
8	15 44	1 9 50	1 46 5	1 54 32	1 32 6	44 4	22
9	17 41	1 11 24	1 46 52	1 54 16	1 30 50	42 10	21
10	19 38	1 12 57	1 47 36	1 54	1 29 33	40 16	20
11	21 34	1 14 28	1 48 18	1 53 39	1 28 15	38 18	19
12	23 30	1 15 59	1 48 57	1 53 17	1 26 55	36 22	18
13	25 25	1 17 27	1 49 36	1 52 53	1 25 34	34 24	17
14	27 20	1 18 55	1 50 12	1 52 28	1 24 11	32 26	16
15	29 16	1 20 21	1 50 47	1 52	1 22 47	30 28	15
16	31 11	1 21 56	1 51 19	1 51 29	1 21 21	28 29	14
17	33 8	1 23 9	1 51 50	1 50 57	1 19 53	26 29	13
18	34 56	1 24 31	1 52 18	1 50 23	1 18 23	24 29	12
19	36 49	1 25 51	1 52 44	1 49 47	1 16 53	22 28	11
20	38 41	1 27 10	1 53 9	1 49 9	1 15 20	20 27	10
21	40 32	1 28 28	1 53 31	1 48 28	1 13 47	18 25	9
22	42 23	1 29 43	1 53 51	1 47 46	1 12 11	16 24	8
23	44 12	1 30 58	1 54 10	1 47 1	1 10 35	14 22	7
24	46 2	1 32 9	1 54 26	1 46 15	1 8 57	12 19	6
25	47 50	1 33 20	1 54 40	1 45 26	1 7 19	10 16	5
26	49 37	1 34 29	1 54 52	1 44 37	1 5 38	8 13	4
27	51 24	1 35 37	1 55 2	1 43 45	1 3 56	6 10	3
28	53 10	1 36 43	1 55 10	1 42 50	1 2 13	4 6	2
29	54 54	1 37 45	1 55 16	1 41 54	1 0 29	2 3	1
30	56 37	1 38 50	1 55 19	1 40 56	0° 58 44	0 0	0
	+ XII. 330° — 360°	+ XI. 300° — 330°	+ X. 270° — 300°	+ IX. 240° — 270°	+ VIII. 210° — 240°	+ VII. 180° — 210°	

Tabelle IV. für die Gleichung der Mondesbahn.

	— I. 1° — 30°			— II. 30° — 60°			— III. 60° — 90°			— IV. 90° — 120°			— V. 120° — 150°			— VI. 150° — 180°			
1	0°	6'	10"	3°	3'	58"	5°	19'	48"	6°	18'	1"	5°	35'	40"	3°	14'	57"	29
2	0	12	21	3	9	23	5°	23	9	6	18	18	5	32	28	3	8	54	28
3	0	18	32	3	14	46	5	26	26	6	18	28	5	29	8	3	2	47	27
4	0	24	42	3	20	5	5	29	37	6	18	31	5	25	42	2	56	36	26
5	0	30	52	3	25	21	5	32	43	6	18	27	5	22	9	2	50	21	25
6	0	37	1	3	30	34	5	35	43	6	18	17	5	18	30	2	44	2	24
7	0	43	10	3	35	44	5	38	38	6	17	59	5	14	44	2	37	40	23
8	0	49	19	3	40	51	5	41	27	6	17	34	5	10	52	2	31	14	22
9	0	55	26	3	45	54	5	44	10	6	17	2	5	6	53	2	24	45	21
10	1	1	33	3	50	53	5	46	48	6	16	23	5	2	47	2	18	12	20
11	1	7	39	3	55	49	5	49	19	6	15	37	4	58	36	2	11	37	19
12	1	13	43	4	0	42	5	51	45	6	14	45	4	54	19	2	4	59	18
13	1	19	47	4	5	30	5	54	5	6	13	45	4	49	55	1	58	17	17
14	1	25	49	4	10	15	5	56	19	6	12	37	4	45	25	1	51	34	16
15	1	31	50	4	14	55	5	58	26	6	11	23	4	40	49	1	44	47	15
16	1	37	50	4	19	32	6	0	28	6	10	2	4	36	8	1	37	59	14
17	1	43	48	4	24	5	6	2	23	6	8	34	4	31	20	1	31	8	13
18	1	49	45	4	28	33	6	4	13	6	6	58	4	26	27	1	24	16	12
19	1	55	40	4	32	57	6	5	55	6	5	16	4	21	28	1	17	21	11
20	2	1	33	4	37	17	6	7	32	6	3	26	4	16	24	1	10	24	10
21	2	7	25	4	41	33	6	9	2	6	1	30	4	11	14	1	3	26	9
22	2	13	14	4	45	44	6	10	26	5	59	26	4	5	58	0	56	27	8
23	2	19	2	4	49	50	6	11	43	5	57	16	4	0	38	0	49	26	7
24	2	24	47	4	53	52	6	12	54	5	54	58	3	55	12	0	42	25	6
25	2	30	30	4	57	49	6	13	58	5	52	33	3	49	42	0	35	23	5
26	2	36	11	5	1	41	6	14	55	5	50	2	3	44	6	0	28	18	4
27	2	41	50	5	5	28	6	15	46	5	47	23	3	38	25	0	21	14	3
28	2	47	26	5	9	11	6	16	30	5	44	38	3	32	40	0	14	10	2
29	2	52	59	5	12	48	6	17	7	5	41	45	3	26	50		7	5	1
30	2	58	30	5	16	20	6	17	38	5	38	46	3	20	56	0	0	0	0
	+ XII. 330° — 360°			+ XI. 300° — 330°			+ X. 270° — 300°			+ IX. 240° — 270°			+ VIII. 210° — 240°			+ VII. 180° — 210°			

Tabelle V, für die jährliche Gleichung.

	+ I. 1° — 30°		+ II. 30° — 60°		+ III. 60° — 90°		+ IV. 90° — 120°		+ V. 120° — 150°		+ VI. 150° — 180°		
1	0'	11"	5'	36"	9'	37"	11'	8"	9'	41"	5'	31"	29
2	0	22	5	46	9	43	11	8	9	35	5	21	28
3	0	34	5	56	9	48	11	8	9	29	5	10	27
4	0	45	6	5	9	54	11	8	9	22	5	0	26
5	0	56	6	15	9	59	11	7	9	16	4	49	25
6	1	8	6	24	10	4	11	6	9	9	4	38	24
7	1	19	6	33	10	9	11	5	9	2	4	27	23
8	1	30	6	43	10	13	11	4	8	55	4	16	22
9	1	41	6	52	10	18	11	3	8	48	4	5	21
10	1	53	7	1	10	22	11	1	8	41	3	54	20
11	2	4	7	9	10	26	10	59	8	33	3	43	19
12	2	15	7	18	10	30	10	57	8	25	3	31	18
13	2	26	7	27	10	34	10	55	8	18	3	20	17
14	2	37	7	35	10	38	10	53	8	10	3	9	16
15	2	48	7	44	10	41	10	50	8	1	2	57	15
16	2	59	7	52	10	44	10	47	7	53	2	46	14
17	3	10	8	0	10	47	10	44	7	45	2	34	13
18	3	21	8	8	10	50	10	41	7	36	2	22	12
19	3	32	8	15	10	53	10	37	7	27	2	11	11
20	3	42	8	23	10	55	10	34	7	18	1	59	10
21	3	53	8	31	10	57	10	30	7	9	1	47	9
22	4	4	8	38	10	59	10	26	7	0	1	35	8
23	4	14	8	45	11	1	10	22	6	51	1	23	7
24	4	25	8	52	11	3	10	17	6	41	1	11	6
25	4	35	8	59	11	4	10	12	6	32	0	59	5
26	4	46	9	6	11	5	10	8	6	22	0	48	4
27	4	56	9	12	11	6	10	3	6	12	0	36	3
28	5	6	9	19	11	7	9	57	6	2	0	24	2
29	5	16	9	25	11	8	9	52	5	52	0	12	1
30	5	26	9	31	11	8	9	46	5	42	0	0	0
	— XII. 330 — 360°		— XI. 300° — 330°		— X. 270° — 300°		— IX. 240° — 270°		— VIII. 210° — 240°		— VII. 180° — 210°		

Tabelle VI. für die Evection.

	— I. 1° — 30°	— II. 30° — 60°	— III. 60° — 90°	— IV. 90° — 120°	— V. 120°—150°	— VI. 150°—180°	
1	1′ 28″	0° 40′ 53″	1° 9′ 53″	1° 20′ 29″	1° 9′ 29″	39′ 30″	29
2	2 46	42 7	1 10 34	1 20 28	1 8 46	38 16	28
3	4 9	43 17	1 11 13	1 20 25	1 8 1	37 0	27
4	5 32	44 27	1 11 52	1 20 21	1 7 15	35 44	26
5	6 54	45 36	1 12 29	1 20 16	1 6 28	34 27	25
6	8 17	46 44	1 13 5	1 20 9	1 5 39	33 10	24
7	9 40	47 52	1 13 39	1 20 1	1 4 50	31 52	23
8	11 2	48 58	1 14 12	1 19 51	1 3 59	30 33	22
9	12 24	50 4	1 14 44	1 19 39	1 3 6	29 13	21
10	13 46	51 9	1 15 14	1 19 27	1 2 13	27 54	20
11	15 8	52 13	1 15 43	1 19 12	1 1 18	26 33	19
12	16 29	53 16	1 16 11	1 18 57	1 0 23	25 12	18
13	17 50	54 18	1 16 37	1 18 40	59 26	23 51	17
14	19 11	55 19	1 17 2	1 18 21	58 28	22 29	16
15	20 32	56 19	1 17 26	1 18 1	57 29	21 7	15
16	21 52	57 18	1 17 48	1 17 40	56 29	19 44	14
17	23 12	58 16	1 18 9	1 17 17	55 28	18 21	13
18	24 31	59 13	1 18 28	1 16 52	54 25	16 58	12
19	25 50	1 0 9	1 18 46	1 16 27	53 22	15 34	11
20	27 8	1 1 4	1 19 3	1 15 59	52 18	14 10	10
21	28 26	1 1 58	1 19 18	1 15 31	51 13	12 46	9
22	29 44	1 2 50	1 19 31	1 15 1	50 6	11 21	8
23	31 1	1 3 42	1 19 43	1 14 30	48 59	9 57	7
24	32 17	1 4 33	1 19 54	1 13 57	47 51	8 32	6
25	33 33	1 5 22	1 20 4	1 13 23	46 42	7 7	5
26	34 49	1 6 10	1 20 11	1 12 47	45 32	5 41	4
27	36 3	1 6 57	1 20 18	1 12 10	44 21	4 16	3
28	37 17	1 7 43	1 20 23	1 11 32	43 10	2 51	2
29	38 31	1 8 27	1 20 26	1 10 52	41 57	1 25	1
30	39 43	1 9 11	1 20 28	1 10 12	40 44	0	0
	+ XII 330°—360°	+ XI 300°—330°	+ X 270°—300°	+ IX 240°—270°	+ VIII 210°—240°	+ VII 180°—210°	

Tabelle VII. für die Perturbation des Perigeums.

	+ I. 1° — 30°		+ II. 30° — 60°		+ III. 60° — 90°		+ IV. 90° — 120°		+ V. 120° — 150°		+ VI. 150° — 180°		
1	0′	22″	10′	56″	18′	45″	21′	42″	18′	50″	10′	45″	29
2	0	44	11	15	18	56	21	42	18	38	10	25	28
3	1	6	11	34	19	0	21	41	18	26	10	4	27
4	1	29	11	53	19	17	21	41	18	14	9	43	26
5	1	51	12	11	19	27	21	39	18	1	9	23	25
6	2	13	12	30	19	37	21	38	17	48	9	2	24
7	2	35	12	48	19	46	21	36	17	35	8	40	23
8	2	57	13	6	19	55	21	33	17	21	8	19	22
9	3	19	13	23	20	4	21	31	17	7	7	57	21
10	3	40	13	41	20	13	21	27	16	53	7	36	20
11	4	2	13	58	20	21	21	24	16	38	7	14	19
12	4	24	14	15	20	28	21	20	16	23	6	52	18
13	4	46	14	31	20	36	21	15	16	8	6	30	17
14	5	7	14	48	20	43	21	10	15	53	6	7	16
15	5	29	15	4	20	49	21	5	15	37	5	45	15
16	5	50	15	20	20	55	21	0	15	20	5	23	14
17	6	11	15	36	21	1	20	54	15	4	5	0	13
18	6	33	15	51	21	6	20	47	14	47	4	37	12
19	6	54	16	6	21	11	20	41	14	30	4	14	11
20	7	15	16	21	21	16	20	34	14	13	3	52	10
21	7	36	16	36	21	21	20	26	13	55	3	29	9
22	7	56	16	50	21	25	20	18	13	37	3	6	8
23	8	17	17	4	21	28	20	10	13	19	2	43	7
24	8	37	17	17	21	31	20	1	13	1	2	19	6
25	8	58	17	31	21	34	19	52	12	42	1	56	5
26	9	18	17	44	21	36	19	43	12	23	1	33	4
27	9	38	17	57	21	38	19	33	12	4	1	10	3
28	9	58	18	9	21	40	19	23	11	44	0	47	2
29	10	17	18	21	21	41	19	12	11	25	0	23	1
30	10	37	18	33	21	42	19	1	11	5	0	0	0
	— XII. 330° — 360°		— XI. 300° — 330°		— X. 270° — 300°		— IX. 240° — 270°		— VIII. 210° — 240°		— VII. 180° — 210°		

Tabelle VIII. für die Perturbation der Länge des Knoten.

	— I. 1° — 30°		— II. 30° — 60°		— III. 60° — 90°		— IV. 90° — 120°		— V. 120° — 150°		— VI. 150° — 180°		
1	0	9″	4′	33″	7′	57″	9′	12″	7′	59	4′	33	29
2	0	19	4	40	8	1	9	12	7	54	4	25	28
3	0	28	4	54	8	6	9	12	7	49	4	16	27
4	0	38	5	2	8	11	9	11	7	44	4	7	26
5	0	47	5	10	8	15	9	11	7	38	3	58	25
6	0	56	5	18	8	19	9	10	7	33	3	49	24
7	1	6	5	26	8	23	9	9	7	27	3	40	23
8	1	15	5	33	8	27	9	8	7	21	3	31	22
9	1	24	5	41	8	31	9	7	7	15	3	22	21
10	1	34	5	48	8	34	9	6	7	9	3	13	20
11	1	43	5	55	8	37	9	4	7	3	3	4	19
12	1	52	6	2	8	41	9	2	6	57	2	54	18
13	2	1	6	10	8	44	9	0	6	50	2	45	17
14	2	10	6	17	8	47	8	58	6	44	2	36	16
15	2	19	6	23	8	49	8	56	6	37	2	26	15
16	2	28	6	30	8	52	8	54	6	30	2	17	14
17	2	38	6	37	8	55	8	51	6	23	2	7	13
18	2	47	6	43	8	57	8	49	6	16	1	57	12
19	2	56	6	50	8	59	8	46	6	9	1	48	11
20	3	4	6	56	9	1	8	43	6	1	1	38	10
21	3	13	7	2	9	3	8	40	5	54	1	28	9
22	3	22	7	8	9	4	8	36	5	46	1	19	8
23	3	31	7	14	9	6	8	33	5	39	1	9	7
24	3	39	7	20	9	7	8	29	5	31	0	59	6
25	3	48	7	26	9	8	8	25	5	23	0	49	5
26	3	57	7	31	9	9	8	21	5	15	0	39	4
27	4	5	7	37	9	10	8	17	5	7	0	30	3
28	4	13	7	42	9	11	8	13	4	58	0	20	2
29	4	22	7	47	9	11	8	8	4	50	0	10	1
30	4	30	7	52	9	12	8	4	4	42	0	0	0
	+ XII. 330° — 360°		+ XI. 300° — 330°		+ X. 270° — 300°		+ IX. 240° — 270°		+ VIII. 210° — 240°		+ VII. 180° — 210°		

Tabelle IX, zur Reduction der Länge des Mondes.

	— I. 1° — 30° — VII. 180° — 210°	— II. 30° — 60° — VIII. 210° — 240°	— III. 60° — 90° — IX. 240° — 270°	
1	0′ 14″	6′ 0″	5′ 45″	29
2	0 28	6 6	5 38	28
3	0 42	6 12	5 29	27
4	0 56	6 18	5 21	26
5	1 10	6 23	5 12	25
6	1 24	6 27	5 3	24
7	1 38	6 31	4 53	23
8	1 52	6 35	4 43	22
9	2 6	6 38	4 32	21
10	2 19	6 41	4 22	20
11	2 32	6 43	4 11	19
12	2 45	6 45	3 59	18
13	2 58	6 46	3 48	17
14	3 11	6 47	3 36	16
15	3 23	6 47	3 23	15
16	3 36	6 47	3 11	14
17	3 48	6 46	2 58	13
18	3 59	6 45	2 45	12
19	4 11	6 43	2 32	11
20	4 22	6 41	2 19	10
21	4 32	6 38	2 6	9
22	4 43	6 35	1 52	8
23	4 53	6 31	1 38	7
24	5 3	6 27	1 24	6
25	5 12	6 23	1 10	5
26	5 21	6 18	0 56	4
27	5 29	6 12	0 42	3
28	5 38	6 6	0 28	2
29	5 45	6 0	0 14	1
30	5 53	5 53	0 0	0
	+ VI. 150° — 180° + XII. 330° — 360°	+ V. 120° — 150° + XI. 300° — 330°	+ IV. 90° — 120° + X. 270° — 300°	

Tabelle X. für die Breite des Mondes.

	I. 1° — 30° VII. 180° — 210°	II. 30° — 60° VIII. 210° — 240°	III. 60° — 90° IX. 240° — 270°	
1	0° 5′ 23″	2° 38′ 56″	4° 30′ 2″	29
2	0 10 40	2 43 32	4 32 36	28
3	0 16 8	2 48 5	4 35 6	27
4	0 21 31	2 52 34	4 37 30	26
5	0 26 53	2 57 1	4 39 50	25
6	0 32 15	3 1 24	4 42 4	24
7	0 37 35	3 5 44	4 44 13	23
8	0 42 56	3 10 0	4 46 17	22
9	0 48 15	3 14 13	4 48 16	21
10	0 53 34	3 18 23	4 50 9	20
11	0 58 52	3 22 29	3 51 57	19
12	1 4 9	3 26 31	4 53 40	18
13	1 9 24	3 30 30	4 55 17	17
14	1 14 38	3 34 24	4 56 49	16
15	1 19 51	3 38 15	4 58 16	15
16	1 25 2	3 42 2	4 59 37	14
17	1 30 12	3 45 45	5 0 53	13
18	1 35 21	3 49 23	5 2 3	12
19	1 40 27	3 52 58	5 3 7	11
20	1 45 32	3 56 28	5 4 6	10
21	1 50 34	3 59 54	5 5 0	9
22	1 55 35	4 3 15	5 5 48	8
23	2 0 34	4 6 32	5 6 30	7
24	2 5 30	4 9 45	5 7 7	6
25	2 10 24	4 12 53	5 7 38	5
26	2 15 16	4 15 56	5 8 3	4
27	2 20 5	4 18 55	5 8 23	3
28	2 24 52	4 21 49	5 8 37	2
29	2 29 36	4 24 38	5 8 46	1
30	2 34 18	4 27 22	5 8 48	0
	VI. 150° — 180° XII. 330° — 360°	V. 120° — 150° XI. 300° — 330°	IV. 90° — 120° X. 270° — 300°	

Berichtigungen.

Seite	20	Zeile	20	von	oben	lies:	bei allen Alten.
„	56	„	24	„	„	„	6h statt 7h.
„	63	„	27	„	„	„	354 „ 353.
„	77	„	7	„	„	„	stattfindet statt plattfindet.
„	79	„	23	„	„	„	Jahres statt Jahrer.

www.ingramcontent.com/pod-product-compliance
Lightning Source LLC
Chambersburg PA
CBHW031322160426
43196CB00007B/629
9783741104725